C.H.BECK WISSEN

in der Beck'schen Reihe

W0366372

Es sei, so einer der Urväter der Evolutionstheorie, Charles Darwin, eine erhabene Ansicht, „daß, während sich unsere Erde nach den Gesetzen der Schwerkraft im Kreise bewegt, aus einem schlichten Anfang eine unendliche Zahl der schönsten und wunderbarsten Formen entstanden ist und noch weiter entsteht". Leben findet sich auf der Erde in einer ungeheueren Vielfalt. Vorsichtigen Schätzungen zufolge liegt die Zahl der verschiedenen Arten zwischen zehn und zwanzig Millionen, doch nur etwa 1,5 Millionen davon sind uns heute bekannt und wissenschaftlich beschrieben. Doch wie ist es zu dieser unglaublichen Zahl so verschiedener Lebewesen gekommen?

Dieses Buch erläutert die zentralen Abläufe und Prinzipien der Evolution und beschreibt die wichtigsten Probleme und Ergebnisse der modernen Evolutionsforschung in der Biologie. Eine sehr verständliche Einführung in eines der fesselndsten und einflußreichsten Kapitel der modernen Naturwissenschaft.

Prof. Dr. *Franz M. Wuketits*, international renommierter Evolutions- und Wissenschaftstheoretiker, Autor zahlreicher Bücher, lehrt an den Universitäten Wien und Graz. 1982 wurde er mit dem *Österreichischen Staatspreis für Wissenschaftliche Publizistik* ausgezeichnet.

Franz M. Wuketits

EVOLUTION

Die Entwicklung des Lebens

Verlag C. H. Beck

Mit 21 Abbildungen

Die Deutsche Bibliothek – CIP-Einheitsaufnahme

Wuketits, Franz M.:
Evolution : die Entwicklung des Lebens / Franz M. Wuketits. – Orig.-Ausg. – München: Beck, 2000
(C. H. Beck Wissen in der Beck'schen Reihe ; 2138)
ISBN 3 406 44738 4

Originalausgabe
ISBN 3 406 44738 4

Umschlagentwurf von Uwe Göbel, München
© Verlag C. H. Beck oHG, München 2000
Satz: Fotosatz Janß, Pfungstadt
Druck und Bindung: C.H.Beck'sche Buchdruckerei, Nördlingen
Printed in Germany

www.beck.de

Inhalt

„Seit den frühesten Zeiten
der Erdgeschichte gleichen organische Wesen
einander in abnehmendem Grade.“
Charles Darwin

„Die grundlegende Theorie der Evolution
hat sich so durchgängig als zutreffend erwiesen,
daß die moderne Biologie Evolution einfach
als Faktum betrachtet.“
Ernst Mayr

„Man kann unschwer erkennen,
warum der Darwinismus die bedeutendste und
zugleich die einfachste naturwissenschaftliche
Theorie des 19. Jahrhunderts ist.“
Edward O. Wilson

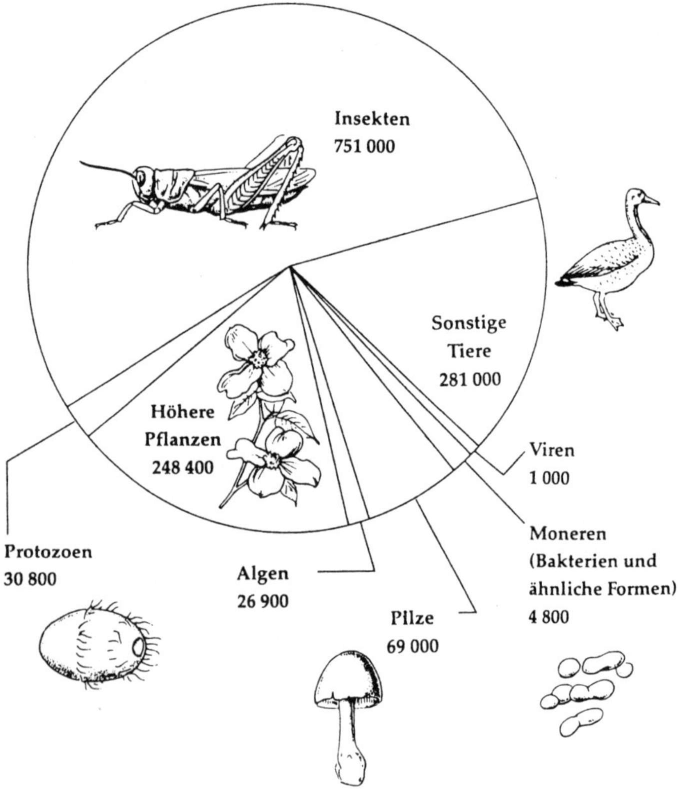

Abb. 1: „Kreis" gegenwärtig bekannter rezenter Organismenarten. Die artenreichsten Gruppen stellen dabei die Insekten und die höheren Pflanzen (Samenpflanzen). (Aus Edward Wilson, Der Wert der Vielfalt, © Piper-Verlag GmbH, München 1995).

Einleitung: Die Vielfalt des Lebens

Das Leben auf der Erde tritt in einer auffälligen Artenvielfalt in Erscheinung. Etwa 1,5 Millionen der derzeit lebenden Arten oder Spezies sind bekannt und wissenschaftlich beschrieben. Die Mehrzahl von ihnen entfällt auf wirbellose Tiere, von denen wiederum die Insekten die größte Gruppe darstellen (Abb. 1). Die tatsächliche Artenzahl ist jedoch viel größer: vorsichtigen Schätzungen zufolge 10 bis 20 Millionen! Die meisten Spezies warten also noch auf ihre Entdeckung – sofern sie nicht noch vorher, aufgrund der Zerstörung ihres Lebensraums durch den Menschen, aussterben und für immer verschwinden. Wie viele Arten seit der Entstehung des Lebens vor über drei Milliarden Jahren insgesamt gelebt haben (und wieder ausgestorben sind), entzieht sich unserer Kenntnis. Die heute bekannten Fossilien dürften nur eine relativ kleine Zahl ausgestorbener Arten bezeugen. Ihre Gesamtzahl muß sich, grob geschätzt, um eine Milliarde bewegen. Unzählige Spezies, deren Vertreter keine fossilisierbaren Hartteile aufweisen, werden wohl für immer im Dunkel der Erdgeschichte verborgen bleiben.

Was aber bedeutet diese enorme Artenvielfalt in Vergangenheit und Gegenwart? Der englische Evolutionsbiologe Richard Dawkins bringt es auf den Punkt: „An der geschätzten Zahl der Arten gemessen, gibt es einige Zigmillionen Wege, das Leben zu fristen" (*Und es entsprang ein Fluß in Eden*, S. 10). Sehr einfache Beobachtungen belegen diese Aussage. Eine Weinbergschnecke beispielsweise fristet ihr Leben auf gänzlich andere Weise als ein Wolf, und ein Apfelbaum lebt ein ganz anderes Leben als eine Honigbiene. Dennoch haben sie alle, was uns noch beschäftigen wird, einiges gemeinsam.

Die Biologie – die Wissenschaft von den Lebewesen – hat es unter den Naturwissenschaften mit der größten Vielfalt und Objektfülle zu tun. Zu ihren Objekten gehören winzige Insekten ebenso wie Elefanten, elegante und schnelle Flieger wie der

Mauersegler und träge sich fortbewegende Schildkröten, spezialisierte Bambusfresser wie der Große Panda und Allesfresser wie das Hausschwein, den Waldboden bedeckende Moose und hoch aufragende Bäume ... Die ungeheure Vielfalt der Lebewesen hat Naturforscher schon lange vor der Begründung einer wissenschaftlichen Biologie im engeren Sinn fasziniert. Sie erkannten eine abgestufte Ähnlichkeit der Lebewesen und faßten einander besonders ähnliche Organismen zu Gruppen zusammen.

Aristoteles (384–322 v. Chr.), der manchmal als der „Vater der Biologie" bezeichnet wird, beschrieb bereits über 500 Tierarten, die er nach ihren äußeren Merkmalen in mehrere Haupt- und Untergruppen unterteilte: so etwa die Gruppe „Eierlegende Vierfüßer und Fußlose" in die „Beschuppten Vierfüßer und Fußlosen" sowie die „Schuppenlosen Vierfüßer". Damit waren, in heutigen Begriffen, Reptilien und Amphibien gemeint. Seine Großgliederung der Tierwelt in „Bluttiere" und „Blutlose" entspricht der heute noch gängigen Unterscheidung zwischen Wirbeltieren und wirbellosen Tieren. Zweitausend Jahre später klassifizierte der schwedische Naturforscher Carl v. Linné (1707–1778), der Begründer der modernen biologischen Systematik, rund 4200 Tier- und 8500 Pflanzenarten. Für die Pflanzenwelt unterschied er zwischen den beiden großen Gruppen der Blütenpflanzen und blütenlosen Pflanzen, die Tierwelt teilte er in sechs große Gruppen auf: Säugetiere, Vögel, Amphibien, Fische, Insekten und Würmer. Er erarbeitete ein hierarchisch verschachteltes System mit Gruppenkategorien einer klar definierten Rangordnung wie Gattung, Ordnung und Klasse. Von bleibendem Wert blieb vor allem seine *binäre Nomenklatur*. Nach ihr wird seither in der Biologie jede Pflanzen- und jede Tierart mit zwei lateinischen Namen gekennzeichnet, von denen der erste die Gattung, der zweite die Art des betreffenden Lebewesens charakterisiert. So stehen zum Beispiel *Canis lupus* und *Canis familiaris* für den Wolf beziehungsweise den Haushund, wobei deutlich ist, daß beide derselben Gattung angehören. Zusammen mit anderen Gattungen wie etwa *Vulpes* (Füchse) bilden sie die Familie der hundeartigen Raubtiere, die wiederum – gemeinsam mit Katzenartigen, Marderartigen, Bären und Robben – zur (Säugetier-)Ordnung der Raubtiere zusammengefaßt werden. Die wichtigsten der heute gebräuchlichen systematischen Kategorien (sozusagen von unten nach oben) sind folgende (wobei Zwischenkategorien, zum Beispiel Überfamilie oder Unterstamm, häufig noch eingeschoben werden):

Kategorie	Beispiel (Haushund)
Art	*familiaris*
Gattung	*Canis*
Familie	Hundeartige (Canidae)
Ordnung	Raubtiere (Carnivora)
Klasse	Säugetiere (Mammalia)
Stamm	Rückensaitentiere (Chordata)

Die Bemühungen früherer Naturforscher, die Vielfalt des Lebens zu erfassen und in ein System zu bringen, sind gewiß zu würdigen, aber ihre Klassifikationssysteme weisen aus heutiger Sicht meist zwei Mängel auf. Erstens beschränken sie sich in der Hauptsache auf äußerlich sichtbare Merkmale und mehr oder weniger deutlich erkennbare Ähnlichkeiten zwischen den Lebewesen. Doch die können täuschen. Wale haben eine große Ähnlichkeit mit Fischen, gehören jedoch zu den Säugetieren. Die noch heute gelegentlich gebrauchte Bezeichnung „Walfische“ verweist auf einen klassischen Irrtum. Zweitens stehen in den Klassifikationssystemen bis ins 19. Jahrhundert die Gattungen, Ordnungen und Klassen der Lebewesen mehr oder weniger beziehungslos nebeneinander. Sie drücken zwar aus, daß diese und jene Arten „zusammengehören“, sagen aber nichts über die Ursachen dieser „Zusammengehörigkeit“ aus. Daneben ist freilich auch erkennbar, daß die Naturforscher früherer Jahrhunderte noch keine rechte Vorstellung von der wahren Vielfalt des Lebens auf der Erde hatten. Wir dürfen ihnen das nicht zum Vorwurf machen. Erst in den letzten Jahrzehnten ist deutlich geworden, welch ungeheure Artenfülle vor allem die tropischen Regenwälder tatsächlich beherbergen. Die oben erwähnten Schätzungen sind sehr jungen Datums, und sie nähren sich vor allem aus intensiven Forschungen in diesen bemerkenswerten Lebensräumen, denen lange Zeit nicht die ihnen wirklich gebührende Beachtung zuteil wurde.

Nun ist es eine Sache, bloß festzustellen, daß etwa der Braunbär und der Eisbär einander sehr ähnlich sind und daß es überhaupt verschiedene Bärenarten gibt, die alle eine große Ähnlichkeit erkennen lassen, auch wenn sie sich zum Beispiel hinsichtlich ihrer Körpergröße und Farbe voneinander unterscheiden. Eine ganz andere Frage ist, wie diese Ähnlichkeit und diese Unterschiede entstanden sind und was sie bewirkt hat. Die längste Zeit wurden solche Fragen im heutigen Sinn gar nicht gestellt, man begnügte sich damit aufzuweisen, welche Tier- und Pflanzenarten es gibt, und zu fragen, wie sie – aufgrund ihrer Ähnlichkeiten oder Unterschiede – zu Gruppen zusammengefaßt werden können. Ohnedies glaubte man, alle Geschöpfe seien das Werk Gottes, der mit ihnen seine eigenen Absichten verfolge.

Die Erkenntnis, daß alle Lebewesen in abgestufter Weise miteinander *verwandt* sind, brachte in der Biologie die entscheidende Wende. *Verwandtschaft* bedeutet gemeinsame Abstammung, und damit war die Erkenntnis der *Evolution* letztlich geradezu zwingend. Die im 19. Jahrhundert begründete Evolutionstheorie beruht daher in der Hauptsache auf zwei Aussagen: Alle Lebewesen sind – wenngleich oft nur sehr entfernt – miteinander verwandt, und alle heute lebenden Arten stammen von „andersartigen“ Spezies ab, sind also Ergebnisse mehr oder weniger langer stammesgeschichtlicher Wandlungsprozesse. Die Evolutionstheorie machte die Biologie als einheitliche Wissenschaft vom Leben überhaupt erst möglich. Für die Biologie heute gilt der häufig zitierte Ausspruch des Genetikers und Evolutionsforschers Theodosius Dobzhansky (1900–1975): „Nichts macht einen Sinn, außer man betrachtet es im Lichte der Evolution.“ Die Evolution ist sozusagen die große Klammer, die alle Erscheinungsformen des Lebens zusammenhält, die Evolutionstheorie das große (theoretische) Gerüst, das alle biologischen Disziplinen – von der vergleichenden Anatomie bis zur Molekularbiologie – umfaßt. Zweifelsfrei ist sie eine der bedeutendsten Theorien der neuzeitlichen Wissenschaft. Sie erklärt, warum Lebewesen so sind, wie sie sind, wie sich ihre jeweils ganz spezifischen Organe und Verhaltensweisen entwickelt haben.

Dadurch, daß sie den Menschen in ihre Erklärungsmodelle einbezieht, hat die Evolutionstheorie bis heute auch Emotionen geschürt. Der Mensch sieht sich gern als etwas Besonderes, als „Krone der Schöpfung", während er aus evolutionstheoretischer Sicht bloß eine von vielen Millionen Arten darstellt. Die Faktoren, die zu seiner Entstehung geführt und seine Entwicklung bewirkt haben, sind im wesentlichen die, die auch für den Werdegang der anderen Spezies verantwortlich sind (ganz gleich, ob es sich dabei um den Schimpansen, das Rote Riesenkänguruh, den Steinadler, die Erdkröte, die Kleiderlaus oder den Grünen Knollenblätterpilz handelt).

In diesem Buch werde ich die Evolution des Menschen allerdings nur sehr kurz behandeln (siehe S. 98 ff.), da in vorliegender Reihe schon ein anderer Band diesem Thema gewidmet ist (Schrenk, *Die Frühzeit des Menschen*). Ebenso werde ich auf die Anwendung der Evolutionstheorie auf verschiedene Gebiete außerhalb der Biologie (Psychologie, Erkenntnistheorie, Ethik) verzichten. Schließlich müssen auch die kosmische und die chemische Evolution im wesentlichen unberücksichtigt bleiben. Ziel des Buches ist vor allem eine allgemeine Darstellung des Themas „Evolution" und der wichtigsten Ergebnisse und Probleme der modernen Evolutionsforschung in der Biologie. Dabei sollen allerdings auch einige interessante ideengeschichtliche Aspekte Beachtung finden. Die Leserin und der Leser sind eingeladen, eines der spannendsten Kapitel der modernen Naturwissenschaften in seinen Grundzügen nachzuvollziehen. Das Buch soll zur weiteren Beschäftigung mit Evolution anregen.

Charles Darwin (1812–1882) bemerkte am Schluß seines fundamentalen Werkes *Über die Entstehung der Arten*, es sei eine erhabene Ansicht, „daß, während sich unsere Erde nach den Gesetzen der Schwerkraft im Kreise bewegt, aus einem so schlichten Anfang eine unendliche Zahl der schönsten und wunderbarsten Formen entstand und noch weiter entsteht". In der Tat gibt es auf unserer Erde und überhaupt im ganzen Universum einige physikalische Grundprinzipien, die konstant geblieben sind, in deren Rahmen sich aber (jedenfalls hier auf der Erde) die ungeheure Dynamik des Lebens abspielt. Das Leben begann auf diesem kleinen Planeten mit Molekülen und einfachen einzelligen Organismenarten und entfaltete – im Rahmen der geltenden Naturgesetze – allmählich eine gewaltige Formenfülle. Verstehend Anteil zu nehmen an dieser Entwicklung und den ihr zugrundeliegenden Mechanismen ist ein beispielloses geistiges Abenteuer.

Eine Idee erschüttert die Welt

Abgesehen vielleicht vom kopernikanischen Weltbild, das zu Beginn der Neuzeit unseren Heimatplaneten aus dem Mittelpunkt des Sonnensystems verbannte, und der Psychoanalyse, die erwiesen hat, daß der Mensch nicht „Herr im eigenen Hause“ ist, sondern von unbewußten Trieben gelenkt wird, hat der Evolutionsgedanke wie keine andere naturwissenschaftliche Idee unser Denken erschüttert. Die Entdeckung der Evolution erfolgte aber keineswegs plötzlich, sondern in kleinen Schritten. Viele der althergebrachten – und von den meisten Menschen liebgewonnenen – Vorstellungen mußten überwunden werden, um dem Evolutionsgedanken zu folgen. Und einmal in Erwägung gezogen, brauchte dieser Gedanke seine Zeit, um in den Köpfen der meisten Naturforscher auch seinen Platz zu finden. Viele Vorurteile waren auszuräumen, viele Elemente traditioneller Weltvorstellungen abzutragen, bevor die Evolutionstheorie als ernstzunehmende naturwissenschaftliche Theorie etabliert werden konnte.

Schöpfung oder Evolution?

Das abendländische Weltbild war die längste Zeit von der Überzeugung beherrscht, daß Gott die Erde und ihre Bewohner erschaffen habe. Uneins war man sich nur über das genaue Schöpfungsdatum. Um die Mitte des 17. Jahrhunderts gab der Altphilologe und Vizekanzler der Universität Cambridge, John Lightfood, den 17. September des Jahres 3928 v. Chr. als Datum der Schöpfung an. Daß er sogar die genaue Uhrzeit – 9 Uhr am Morgen – zu wissen glaubte, setzte seinen Berechnungen die Krone auf. Sein Zeitgenosse James Ussher, Erzbischof und Primas von Irland, kam mit seinen Berechnungen jedoch zu dem Ergebnis, daß die Schöpfung in der Nacht zum 23. Oktober des Jahres 4004 v. Chr. stattgefunden haben müsse.

Auch wo diese Zeitangabe fehlte, bestand kein Zweifel daran, daß die Entstehung der Welt ein göttlicher Schöpfungsakt war. In allen Kulturen und bei praktisch jedem Volksstamm finden sich Vorstellungen vom Anfang und von der Entwicklung der Welt, und in so gut wie allen Fällen gehören diese Vorstellungen in den Bereich der großen Schöpfungsmythen.

Die nachhaltigste Wirkung auf das abendländische – von der jüdischen und christlichen Theologie geprägte – Denken hatte die *Genesis*, der biblische Schöpfungsbericht. Nach ihm schuf Gott die Welt in sechs Tagen, den Menschen am letzten Tag, und befand, daß alles gut war. Alle Lebewesen waren nach der Genesis Gottes Absicht, in ihrem Körperbau und Verhalten Ausdruck des göttlichen Plans. So wie andere Religionen und Mythen kennt das Christentum somit eine kosmische Weltordnung, die von einem Schöpfer hervorgebracht wurde und erhalten wird. In dieser Vorstellung kann kein Platz sein für die Idee des evolutiven Wandels der Organismen. Denn in der Evolution gibt es nichts Statisches, alle Arten verändern sich im Laufe der Zeit oder sterben aus und machen anderen Arten Platz. Die Vorstellung von einer einmaligen Schöpfung der Erde und der Lebewesen ist mit der Evolutionstheorie nicht vereinbar. Wenn man sich die immense Wirkung vor Augen führt, die die Schöpfungslehre über Jahrtausende auf das Denken der Menschen ausgeübt hat, dann wundert es nicht, daß die Evolutionstheorie auf mächtigen Widerstand stieß.

Obwohl mittlerweile, aufgrund von unzähligen Befunden aus allen Disziplinen der Biologie und ihrer Randgebiete (zum Beispiel Biochemie), Evolution längst als *Tatsache* anzuerkennen ist, ist die Kontroverse „Schöpfung oder Evolution?“ noch immer virulent. In den USA hat es gerade in jüngster Zeit wieder heftigen Einspruch gegen die Evolutionstheorie gegeben, und in einigen Bundesstaaten wird sie an öffentlichen Schulen nur zusammen mit dem biblischen Schöpfungsbericht unterrichtet, ja sie wird dort auch als insgesamt umstrittene Theorie dargestellt. Die dogmatische, nicht selten aggressive Verteidigung der Bibel gegen die Evolutionstheorie (auch *Kreationismus* genannt) hat mithin durchaus gegenaufklärerische Züge und kehrt zu Denkweisen zurück, die als überwunden gelten, jeder wissenschaftlichen Grundlage entbehren (und im übrigen auch für moderne Theologen unbefriedigend sind).

Vom statischen zum dynamischen Weltbild

Unter dem Einfluß der alttestamentarischen Theologie, des Christentums und der Philosophie Platons war das abendländische Weltbild bis tief in die Neuzeit hinein statisch und ließ den Begriff eines stammesgeschichtlichen Wandels der Organismenarten nicht zu. Das größte Hindernis für den Evolutionsgedanken aber war, daß sich (so wie die Kugelgestalt der Erde) die Veränderung der Arten unserer unmittelbaren Wahrnehmung entzieht. Dazu schreibt Ernst Mayr ganz treffend:

> „In gewisser Weise steht die Evolution im Widerspruch zum gesunden Menschenverstand. Die Nachkommen eines jeden Lebenwesens entwickeln sich immer wieder zu dem Elterntypus. Eine Katze kann immer nur junge Katzen gebären. Gewiß hat es, bevor sich das Evolutionsdenken durchsetzte, Theorien der plötzlichen Veränderungen gegeben. Zum Beispiel gab es den Glauben an die Urzeugung oder ... die Annahme, daß die Samen einer Pflanzenart, etwa des Weizens, gelegentlich Pflanzen einer anderen Art hervorbringen könnten, etwa Roggen ... Aber beides waren Entstehungstheorien, und hatten nichts mit Evolution zu tun. Es bedurfte einer echten geistigen Revolution, bevor man Evolution auch nur denken konnte." (*Die Entwicklung der biologischen Gedankenwelt*, S. 247)

Die Unterscheidung zwischen „Entstehungstheorie" und Evolutionstheorie ist sehr wichtig. Denn die Theorie der Urzeugung beispielsweise ließ zwar die spontane Entstehung *einzelner* Lebewesen aus anderen Organismen oder aus anorganischer Materie zu (man stellte sich etwa vor, daß „Ungeziefer" aus dem Erdboden oder aus einem Misthaufen entstehen kann) (S. 79), widerspricht aber der Evolutionstheorie, wonach sich im Laufe relativ langer Zeiträume immer *neue Arten* entwikkeln, obwohl tatsächlich jedes Lebewesen immer nur ein anderes *seiner* Art zur Welt bringt.

Die „echte geistige Revolution", die nötig war, um dem Evolutionsgedanken den Weg zu ebnen, vollzog sich daher nicht nur mit der Abkehr von einer wörtlichen Auslegung des biblischen Schöpfungsberichts, sondern auch – und vor allem – durch die Idee der *Historisierung* und *Verzeitlichung* der Natur, das heißt die Einsicht, daß die Natur eine Geschichte hat, die sich über lange Zeiträume abspielt. So hegte der bedeutende französische Naturforscher George Louis Leclerc de Buffon (1707–1788) Zweifel, daß Gott die Welt in nur sechs Tagen erschaffen haben kann, und schätzte, daß die Erde nach ihrer Entstehung allein 30 000 Jahre gebraucht haben müsse, um sich abzukühlen. Auch der britische Geologe Charles Lyell (1797–1875) ging von einem gegenüber der Schöpfungslehre wesentlich höheren Alter der Erde aus. Er war der Begründer der *historischen* Geologie und vertrat die Ansicht, daß sich die Erde nicht immer in ihrem heutigen Zustand befunden habe und daß die heutigen Organismenarten deutlich zu unterscheiden seien von jenen, die in früheren Perioden der Erdgeschichte existierten.

Der Vorstellung eines statischen Weltbildes wäre etwa die Erkenntnis, daß Wale von vierbeinigen Landsäugetieren abstammen, ganz undenkbar erschienen. Nur ein *dynamisches* Weltbild, das die langen Zeiträume der Naturgeschichte erfaßt, macht das Verständnis solcher Vorgänge möglich. Dieses Weltbild von der Verzeitlichung der Natur, das im späten 18. und 19. Jahrhundert Konturen anzunehmen begann, trat an die Stelle der alten, auf die Antike zurückgehenden Vorstellungen einer *Stufenleiter* der Natur. Nach ihr sind die „Naturdinge" hierarchisch angeordnet: von anorganischen Gegenständen wie Metallen und Steinen über Pflanzen, Insekten, Schlangen usw. bis zu Affen und Menschen. Die Stufenleiter, die im 18. Jahrhundert (noch bei Buffon) besonders deutlich zum Ausdruck kam, beruhte auf der durchaus richtigen Annahme, daß es einfache und komplexe „Naturdinge" gibt, ließ aber kaum wirkliche Zusammenhänge zwischen diesen zu, sondern

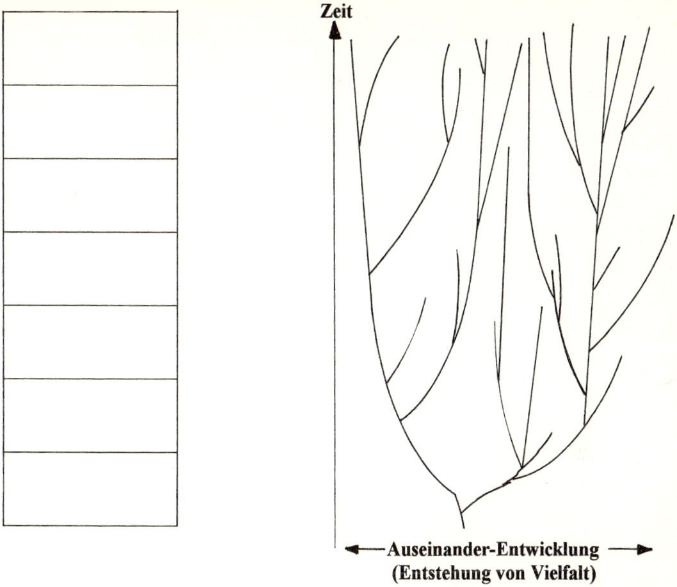

(A) (B)

Abb. 2: Vereinfachtes Modell der Stufenleiter (A) und eines Stammbaums (B). Die Stufenleiter erlaubte nur die Aufeinanderfolge von Naturobjekten und die Unterscheidung zwischen „niederen“ und „höheren“ Organismenformen. Die Zeitdimension spielte dabei keine Rolle. Zum Unterschied dazu repräsentiert ein Stammbaum-Modell die Auseinander-Entwicklung einzelner Organismengruppen und deren verwandtschaftlichen Zusammenhang und berücksichtigt die Zeitkomponente.

akzeptierte nur ihre Reihenfolge. Der entscheidende Schritt bestand in der Umdeutung der Stufenleiter, wonach das bloße Aufeinander von Organismenformen eine *Auseinander-Entwicklung* zuließ: Aus der Stufenleiter wurde somit ein *Stammbaum* (Abb. 2).

Damit im Zusammenhang stand auch eine „Dynamisierung“ der bereits erwähnten Klassifikationssysteme der Organismen, die diese nach ihrer abgestuften Ähnlichkeit in hierarchischer Ordnung repräsentierten. Die Ähnlichkeit konnte

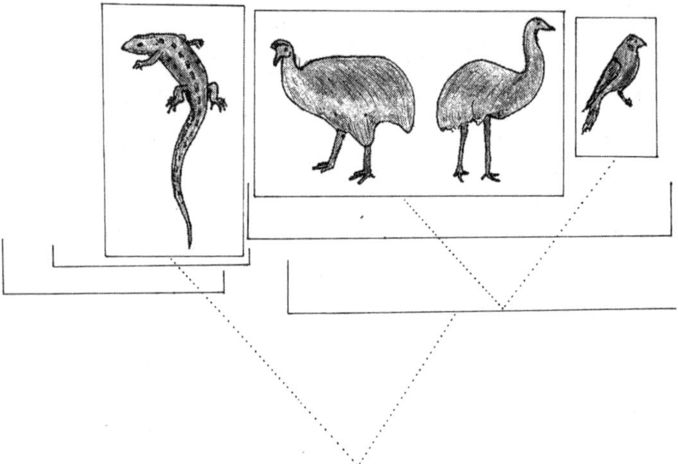

Abb. 3: Ähnlichkeit und Verwandtschaft. Die Unterscheidung verschiedener Organismenarten nach äußerlich sichtbaren Merkmalen erlaubt die Zusammenfassung von Arten zu Gruppen. Erst die Erkenntnis gemeinsamer stammesgeschichtlicher Entwicklung (punktierte Linien) macht die „Zusammengehörigkeit" auch sehr verschiedener Arten deutlich.

stammesgeschichtlich gedeutet werden, und allmählich wurde auch klar, daß Organismenarten von nur geringer Ähnlichkeit miteinander verwandt sein können oder tatsächlich verwandt sind (Abb. 3). Die entscheidende Frage aber blieb die längste Zeit unbeantwortet: Wie kam es zu dieser Verwandtschaft? Oder, anders gefragt: *Warum* haben sich die Arten „auseinander entwickelt", was waren – oder sind – die Ursachen dafür? Der französische Zoologe Jean-Baptiste de Lamarck (1744–1829) nahm an, daß ein individuelles Lebewesen die im Laufe seines Lebens erworbenen Eigenschaften an seine Nachkommen weitervererbt, wonach im Laufe der Zeit eine allmähliche Abwandlung der Arten zustande kommen würde. Das war ein guter Anfang – aber wirklich befriedigt hat Lamarck die Biologen nicht. Die Lehre von der Vererbung erworbener Eigenschaften wurde vielmehr ziemlich massiv zurückgewiesen, und der „Lamarckismus" gilt heute in der Biologie als nicht salonfähig. Doch immerhin, Lamarck hatte nicht nur erkannt, daß die Arten veränderlich sind, sondern bemühte sich auch, in seiner „Tabelle der Abstammung der verschiedenen Tiere" Verwandtschaftsverhältnisse festzustellen – und eben einen Mechanismus für den evolutiven Artenwandel anzugeben. Damit muß er als der erste Evolutionstheoretiker im engeren Sinn gelten (siehe S. 27). Vor allem sein 1809 erschienenes Werk *Philosophie zoologique (Zoologische Philosophie)*, das seine Vorstellungen über Evolution enthält, ist als ein Meilenstein in der Geschichte der Biologie anzusehen.

Charles Darwin, der stille Revolutionär

Darwins evolutionstheoretisches Hauptwerk über den Ursprung der Arten – voller Titel im Original: *On the Origin of Species by Means of Natural Selection, or the Preservation of Favoured Races in the Struggle for Life* – erschien erst fünfzig Jahre nach Lamarcks Schrift. Um einem noch heute verbreiteten Irrtum vorzubeugen, muß also betont werden, daß Darwin nicht der Entdecker der Evolution beziehungsweise der „Erfinder" der Evolutionstheorie war. Vielmehr konnte er einen Mechanismus darlegen, der die Vorgänge der Evolution plausibel erklärt. Damit aber hat er dem Evolutionsgedanken zum entscheidenden Durchbruch verholfen. Vor allem sein Werk hat diesem Gedanken fast schlagartig bei einem breiteren gebildeten Publikum zum Durchbruch verholfen. Dabei wäre ihm einer seiner Landsleute fast zuvorgekommen.

Als Darwin am 18. Juni 1858, nachdem er schon viele Jahre mit der Ausarbeitung seiner Theorie beschäftigt gewesen war, seine Post durchsah, fand er eine Sendung aus Asien. Absender war der junge Naturforscher und Sammler Alfred Russel Wallace (1823–1913), der ihm ein Manuskript mit der Bitte zuschickte, dieses zu lesen und eventuell einer Zeitschrift zur Veröffentlichung zu empfehlen. Bei der Lektüre dieses Manuskripts muß Darwin sein – ohnehin schwaches – Herz schwer geworden sein. Denn Wallace war praktisch zu derselben

Abb. 4: Charles Darwin (1809–1882)

Theorie gelangt, an der er selbst schon lange und mit viel Akribie gearbeitet hatte. Seinem Naturell nach war Darwin keineswegs ein Mann, der sich gern auf Prioritätsstreitigkeiten eingelassen hätte. Doch seine Freunde, unter ihnen Lyell, befreiten ihn aus der prekären Lage: Wallaces Manuskript wurde zusammen mit Auszügen aus Darwins Unterlagen auf einer Sitzung der Londoner Linné-Gesellschaft vorgelesen. Darwin selbst machte sich dann mit größter Intensität an die Arbeit und stellte sein Buch *On the Origin of Species* in relativ kurzer Zeit fertig. Es erschien am 24. November 1859 und schlug wie eine Bombe ein; es sollte unser Weltbild entscheidend verändern. Dabei war Darwin keineswegs zum Revolutionär geboren.

Auf Wunsch seines Vaters, eines angesehenen Arztes, hatte er zunächst Medizin und dann Theologie studiert. Das Studium der Medizin hatte er, sensibel wie er war, abbrechen müssen. Es ist eine Ironie, daß gerade der Mann, der dem Christentum (und überhaupt der Religion) – wenn auch unbeabsichtigt – eine tiefe Wunde zufügen sollte, sein Theologiestudium abschloß und zum Geistlichen der Anglikanischen Kirche für würdig befunden wurde. Tatsächlich hätte das gleichförmige ruhige Amt eines Dorfpfarrers in der behaglichen englischen Provinz des 19. Jahrhunderts zum Charakterbild Charles Darwins ganz gut gepaßt. Zwar hatte er während seines leidlich betriebenen Theologiestudiums jede Menge naturwissenschaftlicher Vorlesungen gehört und an botanischen und zoologischen Exkursionen teilgenommen und war seit seiner Kindheit an der Natur, an Gesteinen, Pflanzen und Tieren, interessiert gewesen, aber er hatte zunächst überhaupt keine Zweifel an der Gültigkeit der Schöpfungslehre. Die Evolution war längst entdeckt – doch er mußte sie sozusagen für sich selbst noch einmal entdecken. Entscheidend dabei war seine Schiffsreise mit der „Beagle" unter Kapitän Robert Fitzroy (1805–1865), die ihn von 1831–1836 um die Welt führte. Von dieser Reise kehrte Darwin sozusagen „geläutert" zurück.

Er hatte den ersten Band von Lyells *Grundzüge der Geologie* mitgenommen und während der Reise mit größtem Enthusiasmus gelesen. Noch wichtiger aber waren seine vielen eigenen Beobachtungen. Vom Geist des Naturforschers künden die unzähligen Felle, Häute, Knochen, Fossilien und in Spiritus eingelegten Tiere, die er gesammelt hatte und nach England mitbrachte. Aber von viel größerer Bedeutung als diese respektable Ausbeute eines Sammlers war Darwins auf dieser Reise entwickelte Gedankenwelt. Immer wieder hatte er darüber gestaunt, daß auf Inseln lebende Tierarten zwar eine Ähnlichkeit mit bestimmten Spezies auf dem Festland aufweisen, von diesen aber doch wieder ziemlich deutlich zu unterscheiden sind. Könnte es also nicht sein, daß mehrere einander ähnliche Arten aus einer gemeinsamen „Stammart" abzuleiten sind? Darwin erkannte, wie vor ihm insbesondere Lamarck, die Wandelbarkeit der Arten. Wie aber kommt es zu dieser Wandelbarkeit? Welcher Mechanismus ist dafür verantwortlich? Von Lamarcks Theorie nahm er zunächst keine Notiz. Und von seinem Großvater Erasmus Darwin (1731–1802), der in seinen naturwissenschaftlichen Lehrgedichten den Evolutionsgedanken erkennbar gemacht und der Theorie Lamarcks ähnliche Ansichten vertreten hatte, blieb er unbeeinflußt.

Nach England zurückgekehrt, verbrachte Darwin seine Tage – nachdem er seine Cousine Emma Wedgwood (1808–1896) geheiratet hatte – in völliger wirtschaftlicher Unabhängigkeit, still und zurückgezogen, mit Problemen der Evolution beschäftigt. Einen Beruf im heutigen Sinn auszuüben hatte er nicht nötig, auch öffentliche Vorträge hielt er nie, und seine spätere Theorie sollten andere vor kritischem Publikum verteidigen, so vor allem der Zoologe Thomas H. Huxley (1825–1895), der oft als „Darwins Bulldogge" bezeichnet wurde. Sein Leben unterschied sich tatsächlich kaum von dem eines Landpfarrers, der obendrein auch naturkundliche Studien betreiben durfte – solange er es nicht so weit trieb wie Darwin.

Als Darwin über einen möglichen Mechanismus für die Evolution nachdachte, stieß er auf eine Arbeit des Sozialwissenschaftlers und Nationalökonomen Thomas Robert Malthus (1766–1834), der zu dem Schluß gekommen war, daß die Bevölkerung in geometrischer Reihe (2, 4, 8, 16 usw.) ansteigt, die Ressourcen (Nahrungsmittel) jedoch nur in arithmetischer Reihe (2, 3, 4, 5 usw.) zunehmen. Die düstere Folge davon waren für Malthus (der vom sich ausbreitenden Massenelend im beginnenden Industriezeitalter nicht unbeeindruckt blieb) Überbevölkerung und Hungersnöte. Darwin übertrug diese Beobachtungen und Schlußfolgerungen auf die Natur. Da, so argumentierte er, die Lebewesen mehr Nachkommen produzieren als unter den jeweils gegebenen Bedingungen, das heißt bei begrenzten Ressourcen, überleben können, kommt es in der Natur unweigerlich zu einem Wettbewerb ums Dasein *(struggle for existence)*, in dem bloß die jeweils tauglichsten Individuen überleben und selbst Nachkommen erzeugen können *(survival of the fittest)*. Der Titel seines Werkes (siehe oben) deutet dies bereits an. Darwin war auch nicht entgangen, daß die Individuen einer Art zwar einander sehr ähnlich, aber nicht identisch sind. Manche mußten dann für den natürlichen Wettbewerb besser gerüstet sein als ihre rivalisierenden Artgenossen. Kurz gesagt, die Natur betreibt „Zuchtwahl". Darwin nahm denn auch Anleihen aus der Tier- und Pflanzenzucht und folgerte, daß die Natur *analog* zum menschlichen Züchter nur bestimmte Varianten fördert, andere aber eliminiert. Das war der Kernpunkt seiner Theorie von der *natürlichen Auslese*, die somit auf einigen recht einfachen Beobachtungen und Schlußfolgerungen beruht:

- Beobachtungen:
  1. Potentiell unbegrenzte Fortpflanzung (Nachkommenüberschuß)
  2. Begrenztheit der Ressourcen
  3. Unterschiede zwischen Individuen einer Art (Einmaligkeit des Individuums)
  4. Unterschiedliche Fortpflanzungsfähigkeit
- Schlußfolgerungen:
  1. Wettbewerb ums Dasein unter den Individuen jeder Art
  2. Natürliche Auslese, das heißt unterschiedliche Überlebensfähigkeit (Förderung der jeweils Tauglichsten)
  3. Durch viele Generationen hindurch Veränderung der Arten (Evolution)

Was Darwins Zeitgenossen wohl am meisten erschütterte und noch heute die Gemüter erhitzt, ist keineswegs so sehr die berühmte „Affenfrage". Zwar veröffentlichte Darwin 1871 das Buch *The Descent of Man (Die Abstammung des Menschen)*, das sicher zu den hervorragendsten anthropologischen Werken des 19. Jahrhunderts zählt, aber die Herkunft des Menschen von „niedrigeren" Lebewesen war zu diesem Zeitpunkt bereits von anderen Forschern (nicht zuletzt Huxley) dargelegt worden. Mit seinem Buch *On the Origin of Species* erschütterte Darwin das traditionelle Weltbild vor allem deshalb, weil er den Glauben an eine „höhere Zweckmäßigkeit" oder „Absicht" in der Natur verwarf. „Aus dem Kampf der Natur, aus Hunger und Tod", so meinte er, geht „unmittelbar das Höchste hervor, das wir uns vorstellen können: die Erzeugung immer höherer und vollkommenerer Wesen". Kein göttlicher Plan also, keine göttliche Absicht hat nach Darwin die Lebewesen hervorgebracht – sie sind bloß das Ergebnis der Selektion, einer „natürlichen Kraft", die auf der Basis der unterschiedlichen Fortpflanzungsfähigkeit der Lebewesen diese fördert oder ausmerzt. Ob die Lebewesen im Laufe der Evolution wirklich immer „höher“ und „vollkommener“ werden, ist jedoch eine ganz andere Frage (siehe S. 50 f.).

Die Grundprobleme der Evolutionsbiologie

Inzwischen ist das Studium der Evolution eines der wichtigsten Anliegen und die Evolutionsbiologie eine zentrale Disziplin der Biowissenschaften. Da sie sich mit einer ungeheuren Fülle von Aspekten im Bereich des Lebenden beschäftigt, greift die Evolutionsbiologie auf so gut wie alle anderen Fächer der Biologie zurück. Anatomie und Morphologie spielen dabei ebenso ihre Rolle wie Ökologie und Biogeographie oder Genetik und Molekularbiologie. Von hervorragender Bedeutung ist natürlich auch die *Paläontologie*, das Studium ausgestorbener Lebewesen. Umgekehrt wirkt die Evolutionsbiologie auf alle diese Disziplinen zurück, unzählige Phänomene, die von diesen Spezialfächern studiert werden, sind nur unter evolutionsbiologischem Gesichtspunkt zu erklären.

Im Prinzip hat es die Evolutionsbiologie mit drei großen Fragen- oder Problemkomplexen zu tun:

1. Haben sich die Organismenarten verändert, hat Evolution stattgefunden? Diese Frage ist heute eindeutig zu bejahen und nur noch von historischem Interesse. Denn inzwischen sind die Belege für den evolutiven Artenwandel so zahlreich, daß an diesem nicht mehr ernsthaft gezweifelt werden kann. Die „Beweisführung“ ist abgeschlossen. Verschiedenste Phänomene im Bereich des Lebenden lassen keine andere als eine evolutionäre Erklärung zu.
2. Wie verlief oder verläuft Evolution im allgemeinen (und bei einzelnen Organismengruppen im besonderen)? Hier geht es einmal um eine Rekonstruktion von Verwandtschaftsverhältnissen (die üblicherweise in sogenannten Stammbäumen ihren Niederschlag findet), zum zweiten aber auch um das Problem, ob Evolution langsam, in kleinen Schritten erfolgt oder auch „Sprünge“ zuläßt. Dieses Problem führt schließ-

lich zu der Frage, ob die Evolution bestimmte Gesetzmäßigkeiten erkennen läßt, zum Beispiel ein Gesetz der „Höherentwicklung".

3. Welche Mechanismen liegen der Evolution zugrunde? Dabei geht es um die „Triebkräfte" oder „Motoren" der Evolution. Wodurch kommt es also zu einer Veränderung der Arten im Laufe der Zeit? Eine plausible Antwort auf diese Frage liefert Darwins Theorie der natürlichen Auslese.

Mit der ersten Frage haben im Grunde nur noch Kreationisten und andere religiöse Fundamentalisten ihre Schwierigkeiten. Die zweite und dritte Frage bieten aber auch dem Evolutionsbiologen noch manche Herausforderung. Diesen Fragen wird daher auch hier besondere Aufmerksamkeit geschenkt.

Erkenntnis- und wissenschaftstheoretisch gesehen ist eine Theorie erst dann eine *Evolutionstheorie*, wenn sie nicht nur den stammesgeschichtlichen Artenwandel feststellt, sondern klare Aussagen über die Abläufe und Mechanismen dieses Artenwandels enthält. So gesehen war Lamarck der erste „echte" Evolutionstheoretiker. Da er aber insbesondere die Frage nach den Evolutionsmechanismen anders beantwortete als Darwin und da sich Antworten auf diese Frage noch heute oft im Detail voneinander unterscheiden, darf man strenggenommen nicht von *der* Evolutionstheorie sprechen; man muß vielmehr verschiedene *Evolutionstheorien* auseinanderhalten. Die Evolutionsbiologie ist also keine theoretisch homogene Disziplin. Völlig verfehlt ist es aber, aus diesen „theoretischen Unsicherheiten", die da und dort noch bestehen, auf die Unsicherheit der Evolution selbst zu schließen. Evolution ist eine Tatsache – verschiedene *Erklärungen* ändern an der Tatsache, am faktischen Geschehen nichts!

Evolutionsbiologie als historische Wissenschaft

Selbstverständlich war keiner von uns Augenzeuge beispielsweise des Übergangs von fischartigen Lebewesen zu Amphibien vor über 300 Jahrmillionen, und niemand von uns war dabei, als sich vierbeinige Landbewohner allmählich zu wasserlebenden Walen entwickelten. Wir sind auch hier, wie immer in der Geschichte, auf Quellen, auf die Deutung von *Zeugnissen* angewiesen. Das können in der Evolutionsbiologie Fossilien und Merkmale an rezenten Organismen sein. Die Bedeutung der Fossilien – von denen nicht wenige schon in der Antike bekannt waren – blieb jedoch die längste Zeit völlig unklar. Man interpretierte sie zunächst keineswegs als Zeugnisse ausgestorbener Lebewesen, sondern sah in ihnen eher Launen der Natur beziehungsweise Erzeugnisse einer mystischen schöpferischen Kraft. Erst das Heranreifen der Evolutionsidee brachte sie in den richtigen Zusammenhang, und erst dadurch wurden sie zu bedeutenden Zeugen für den stammesgeschichtlichen Artenwandel. Zuvor konnte jedes Fossil auch die Allmacht des Schöpfers bekunden. Man kann daraus ersehen, daß *Tatbestände* beziehungsweise das Vorliegen bestimmter Objekte zu ganz verschiedenen Theoriebildungen führen können.

Für eine Evolutionstheorie gelten nicht die Standards klassischer physikalischer Theorien, die sich mit von der Zeit unabhängigen Phänomenen befassen. Die Fallgesetze gelten unter gegebenen Randbedingungen überall und zu jedem Zeitpunkt. Insoweit kann der Physiker „ahistorisch" an seine Probleme herangehen. Da sie Ablaufstypen und Mechanismen für Prozesse, die in der Vergangenheit stattgefunden haben, angeben muß, ist jede Evolutionstheorie eine historische Theorie und die Evolutionsbiologie eine historische Wissenschaft. Da die heutigen Organismenarten aus früheren, anderen Arten hervorgegangen sind, benötigt ein Biologe grundsätzlich Kenntnisse der Vergangenheit des Lebens auf der Erde, um beispielsweise „zu verstehen, warum die Nieren von marinen Fischen offensichtlich zum Leben im Süß- und nicht im Salzwasser entworfen sind oder warum der Tapir die tropischen Wälder Asiens und Amerikas, nicht aber Afrikas bewohnt" (Douglas J. Futuyma, *Evolutionsbiologie*, S. 324). Viele solcher Fragen sind sehr komplex und nicht einfach zu beantworten. (Der „Entwurf" der Fischnieren wäre daraus zu erklären, daß die

Fische ursprünglich im Süßwasser lebten und erst sekundär die Meere besiedelten.)

Das bedeutet aber nicht, daß die Evolutionsbiologen nur mit Relikten aus der Vergangenheit arbeiten. Aus dem Vergleich anatomischer Strukturen und Verhaltensweisen *rezenter* Organismen erfahren sie sehr viel über stammesgeschichtliche Zusammenhänge. Die Ökologie – als Lehre von den Wechselwirkungen zwischen den Organismen und ihrer Umwelt – ist ebenso aufschlußreich. So ist es zum Beispiel auffallend, daß die verschiedenen Arten der Füchse unterschiedlich große Ohren haben: Der Eisfuchs der arktischen Zone hat sehr kleine, der in den gemäßigten Zonen lebende Rotfuchs mittelgroße und der Wüstenfuchs sehr große Ohren. Woher kommen diese Unterschiede? Das Ohr ist ein exponiertes Organ (auch wir Menschen bekommen das bei großer Kälte zu spüren), so daß in kalten Regionen ein kleines Ohr von Vorteil ist. In heißen Zonen aber dient das (große) Ohr der Temperaturregulation. Die ziemlich mächtigen, eine Gesamtoberfläche von acht Quadratmetern (!) umfassenden Ohren des Afrikanischen Elefanten fangen sozusagen die Hitze auf, wenn sie weit abstehen, und dienen gleichsam als Ventilator, wenn sie bewegt werden. Daß dagegen das Mammut, das während der Eiszeit lebte, relativ kleine Ohren hatte, kann also kein Zufall sein. Auf ähnliche Weise liefern auch andere biologische Disziplinen der Evolutionsbiologie wichtiges empirisches Material. Das Studium der geographischen Verbreitung der Tiere und Pflanzen ist dabei ebenso aufschlußreich wie etwa die Untersuchung von Chromosomen und Blutgruppen.

Evolution hat nicht nur in der Vergangenheit stattgefunden, sie findet nach wie vor statt. Allerdings ist ein Menschenleben zu kurz, um bedeutende evolutive Änderungen zu erfahren. Änderungen in kleinerem Rahmen sind jedoch zu beobachten beziehungsweise im Experiment nachzuvollziehen. Man kann *Mutationen* (Änderungen im Erbgefüge der Lebewesen) künstlich herbeiführen: zum Beispiel durch hohe Temperaturen, Röntgenstrahlen oder bestimmte chemische Substanzen. Solche Eingriffe haben ähnliche Wirkungen wie die in der Natur auftretenden *spontanen* Mutationen. Tier- und Pflanzenzüchter können durch gezielte Kreuzungen bestimmte Rassen von Tier- oder Pflanzenarten erzeugen. (Es kommt daher nicht von ungefähr, daß Darwin die vom Menschen betriebene Züchtung und ihre Ergebnisse als wichtige Quelle für seine Theorie heranzog). Beim Menschen ist seit mehreren Jahrzehnten zumindest in den industrialisierten Ländern eine signifikante Zunahme der durchschnittlichen Körperhöhe beobachtbar. Diese Beispiele zeigen die Evolution „in Aktion". Bei den „Großabläufen" der Stammesgeschichte bleiben wir freilich weiterhin auf (historische) Rekonstruktionen angewiesen. Die Entwicklung der Landpflanzen, das Aussterben der Saurier und die Entstehung der Vögel, um nur einige wenige Beispiele zu nennen, waren *einmalige* historische Ereignisse, die weder beobachtet wurden noch im Experiment nachvollzogen werden können. Die Arbeit des Evolutionsbiologen ähnelt daher der eines Detektivs, der zahlreiche Indizien zu einem Ganzen zusammenfügen muß, um ein Verbrechen aufklären zu können. Nur hat ein Evolutionsbiologe ungleich mehr an Einzelheiten zu berücksichtigen und ganz andere Zeiträume zu überblicken als ein Detektiv.

Die Abläufe der Evolution

Manchmal spielt sich Evolution ziemlich langsam ab. Einige Pflanzen- und Tiergruppen haben mit dem einen oder anderen ihrer Vertreter viele Millionen Jahre überdauert. So ist *Limulus polyphemus*, der Schwertschwanz oder Pfeilschwanzkrebs (der kein Krebs ist, sondern zu den Spinnentieren zählt), Vertreter einer uralten Gattung, deren heutige Ausbildungsform bereits aus der Zeit vor etwa 180 Millionen Jahren fossil nachgewiesen ist (Abb. 5). Diese Spezies gehört daher zu den *lebenden Fossilien*, „Dauertypen" oder „Oldtimern" der Tierwelt. In der Pflanzenwelt sind lebende Fossilien beispielsweise durch den Ginkgobaum *(Ginkgo biloba)* vertreten, der heute als Park- und Zierbaum weltweit kultiviert wird und die einzige überlebende Spezies einer vor 130 bis 180 Millionen Jahren artenreichen Pflanzengruppe darstellt. Wenn man sich dagegen vor Augen führt, daß die Aufspaltung der Säugetiere in die heute lebenden Ordnungen (zum Beispiel Raubtiere, Nagetiere oder Primaten) innerhalb von 20 bis 30 Millionen Jahren vor sich ging – und das „erst" am Ende des Mesozoikums und zu Beginn der Känozoikums (Abb. 6) –, dann wird klar, daß Evolution mit unterschiedlichen Zeitmaßstäben zu bemessen ist. Die traditionelle Auffassung, die im 19. Jahrhundert von Lamarck und Darwin und im 20. Jahrhundert von vielen Evolutionstheoretikern vertreten wurde, ist der *Gradualismus*,

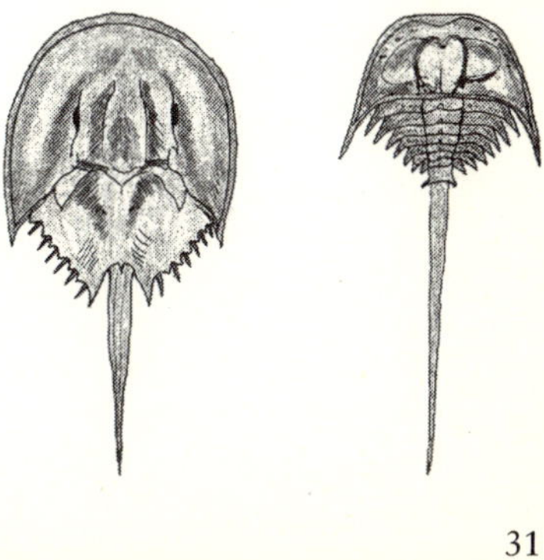

Abb. 5: *Limulus polyphemus* (links) und einer seiner ausgestorbenen Verwandten (rechts). (Nach M. Burton, Living Fossils, Thames and Hudson, London 1956)

wonach sich Evolution graduell, also kontinuierlich, in unzähligen kleinen Schritten abspielt. Gelegentlich wurde aber behauptet, daß die Evolution auch „sprunghaft" verläuft, und in neuerer Zeit haben vor allem einige Paläontologen die These verfochten, daß in der Evolution Phasen der Stagnation von Phasen eines relativ sehr raschen Artenwandels abgelöst werden. Wie spielt sich Evolution also wirklich ab? Gibt es überhaupt ein allgemeines „Schema" für ihre Abläufe, oder benötigen wir verschiedene Modelle, um uns ein Bild von ihr zu machen? Tatsächlich ist die Evolution ein sehr komplexer Vorgang, der verschiedene Ablaufformen enthält.

Der Zeitfaktor in der Evolution

Der zeitliche Rahmen für die Evolution des Lebens auf der Erde sind fast vier Milliarden Jahre. Die längste Zeit seit ihrer Entstehung vor etwa fünf Milliarden Jahren ist die Erde also bewohnt. Ihre Bewohner begannen sozusagen recht bescheiden als winzige Mikroorganismen – den heutigen Bakterien und Blaualgen ähnliche Formen – und entfalteten sich im weiteren Verlauf der Erdgeschichte zu einer riesigen Vielfalt von teils überaus komplexen Arten, zu denen nicht zuletzt der Mensch zählt. Geologen und Paläontologen unterscheiden mehrere Zeitalter und Perioden der Erdgeschichte, für die jeweils bestimmte Pflanzen- und Tierklassen repräsentativ sind (Abb. 6). Der sehr lange Abschnitt vor dem Paläozoikum, das Präkambrium, ist jedoch bei weitem nicht so gut durch Fossilien bezeugt wie die späteren Zeitalter in dem viel kürzeren Abschnitt von etwa 600 Millionen Jahren. Das hängt nicht zuletzt damit zusammen, daß seit dem frühen Paläozoikum viele Organismenformen mit gut fossilisierbaren Hartteilen, zum Beispiel Knochen (Wirbeltiere), existiert haben, während sich von vielen wirbellosen Tieren, die zweifelsfrei schon viel früher aufgetreten sind (beispielsweise verschiedene Stämme und Klassen von „Würmern"), wenn überhaupt, nur spärliche Überreste (etwa Abdrücke oder Fraßspuren) erhalten konnten.

Das Paläozoikum, das Mesozoikum und das Känozoikum

Zeitalter	Periode	Beginn vor Millionen Jahren	Tier- und Pflanzenwelt
KÄNOZOIKUM (Erdneuzeit)	Quartär	2	
	Tertiär	70	
MESOZOIKUM (Erdmittelalter)	Kreide	135	
	Jura	180	
	Trias	220	
PALÄOZOIKUM (Erdaltertum)	Perm	270	
	Karbon	350	
	Devon	390	
	Silur	430	
	Ordovizium	490	
	Kambrium	600	
PRÄKAMBRIUM		ca. 5000	

Abb. 6: Zeitalter und Perioden der Erdgeschichte mit jeweils typischen Repräsentanten aus der Pflanzen- und Tierwelt. (Aus Wuketits 1999)

sind durch jeweils sehr markante Fossilien belegt. So gilt das Känozoikum oft als das „Zeitalter der Säugetiere“. Tatsächlich haben die Säugetiere in diesem Zeitalter ihre reichste Entfaltung erfahren, wovon eben auch viele fossile Arten – unter ihnen so eindrucksvolle wie Mammute, Wollhaarnashörner, Riesenhirsche und Säbelzahnkatzen – Zeugnis ablegen. Aber es wäre ein großer Fehler zu glauben, daß die Säugetiere jetzt die „dominante“ Tierklasse sind. Zwar fallen uns Säugetiere – oft allein aufgrund ihrer Körpergröße (Elefanten, Nashörner, Flußpferde, Giraffen, Büffel, Wale usw.) – besonders auf, aber mit ihren etwa 4000 rezenten Spezies sind sie eine recht kleine Tierklasse. Die Klasse der Spinnentiere ist heute mit über 60000 Arten vertreten, aus der Klasse der Insekten sind fast eine Million derzeit lebender Arten bekannt, wobei ihre tatsächliche Artenzahl auf viele Millionen geschätzt werden muß. Mit weit größerer Berechtigung könnte man also das Känozoikum als das Zeitalter der Insekten bezeichnen.

Auffallend ist, daß die verschiedenen heute lebenden Klassen der Pflanzen und Tiere ein sehr unterschiedliches Alter aufweisen. Dazu einige Beispiele (mit Altersangaben in Jahrmillionen, näherungsweise aufgrund einigermaßen zuverlässiger fossiler Überlieferung):

Säugetiere	200	Krebstiere	540
Vögel	150	Spinnentiere	420
Reptilien	300	Schnecken	580
Amphibien	390	Ginkgogewächse	200
Knorpel-, Knochenfische	410	Nadelhölzer	320

Viele, vor allem stammesgeschichtlich ältere Klassen sind hier nicht aufgeführt. Aber schon diese kleine Auswahl zeigt, daß es heute stammesgeschichtlich alte und junge Klassen gibt. Dieser Umstand deutet bereits darauf hin, daß Evolution einerseits immer Neues schafft, andererseits aber auch alte „Baupläne“ bewahrt (siehe S. 70ff.).

Insbesondere aber wird hier klar, daß Evolution bei verschiedenen Organismengruppen mit unterschiedlichem Tempo verlaufen ist. Der amerikanische Paläontologe George G. Simpson (1902–1984) lieferte in zahlreichen Arbeiten Beispiele sowohl für eine relativ schnelle als auch für eine relativ langsame Evolution. Während die bereits erwähnten „lebenden Fossilien“ ein sehr langsames Evolutionstempo dokumentieren, gibt es in der fossilen Überlieferung viele Hinweise auf eine schnelle Evolution, vor allem bei Lebewesen, die neue Formen der Organisation erreichen oder neue ökologische Nischen besetzen. Ein Beispiel sind die Fledermäuse, bei denen vor 60 bis 70 Millionen Jahren die Vordergliedmaßen sehr schnell zu Flügeln umgewandelt wurden und die heute mit rund 1000 Arten die – nach den Nagetieren – zweitgrößte Säugetierordnung darstellen.

Macht die Evolution Sprünge?

Natura non facit saltum – „die Natur macht keine Sprünge“ – ist ein sehr altes philosophisches Diktum, schon von Aristoteles formuliert und seit dem 17. Jahrhundert besonders von Leibniz (1646–1716) tradiert: die „große Kette der Wesen“. Dieses Prinzip hat von vornherein ins Evolutionsdenken Eingang gefunden. Auch Darwin übernahm es in seinem Werk zur Entstehung der Arten. Demnach verläuft die Evolution gradualistisch (S. 31), als Häufung unzähliger kleiner Abänderungen. Der in der moderneren evolutionsbiologischen Literatur oft anzutreffende Ausdruck *additive Typogenese* soll andeuten, daß alle Evolutionsvorgänge als eine Aneinanderreihung von (kleinen) Änderungen zu charakterisieren sind.

Dem Modell der gradualistisch verlaufenden, kontinuierlichen Evolution wurde allerdings auch vehement widersprochen. Der Genetiker Richard Goldschmidt (1878–1958) und der Paläontologe Otto H. Schindewolf (1896–1971) vertraten eine als *Saltationismus* zu bezeichnende Theorie der Evolutionsabläufe, die – wie die Bezeichnung schon sagt – sehr wohl Evolutionssprünge annimmt. Der Ausgangspunkt dieser Theorie war das häufige Fehlen von „Bindegliedern“ zwischen verschiedenen „Bauplänen" oder „Typen" von Lebewesen. Dazu ist es wichtig, sich eine in der Evolutionsbiologie allgemein übliche Unterscheidung zu vergegenwärtigen: nämlich die zwischen *Mikroevolution* oder *infraspezifischer Evolution* (= Evolution auf dem Artniveau [Entstehung von neuen Rassen oder Unterarten und schließlich Arten]) und *Makroevolution* oder *transspezifischer Evolution* (= Evolution „höherer Kategorien", insbesondere von Familien, Ordnungen, Klassen und Stämmen). Die Vertreter des Saltationismus argumentierten, daß sich die Mikroevolution zwar durchaus nach dem gradualistischen Modell abspielen kann, für die Entstehung „höherer Kategorien" aber Evolutionssprünge anzunehmen seien. Sie nahmen dafür etwa *Großmutationen* an, sprunghafte und „groß angelegte" Änderungen des Erbguts von Organismen. Nach neuerer Auffassung ist diese Annahme unhaltbar, und im allgemeinen wird heute auch kein prinzipieller Unterschied zwischen Mikro- und Makroevolution vermutet. Außerdem sind (fossile) Dokumente zumindest zwischen verschiedenen Klassen der Wirbeltiere heute durchaus vorhanden (Abb. 7).

Dennoch blieb die Frage, ob das gradualistische Modell die Abläufe der Evolution wirklich gut genug beschreibt. Die unterschiedliche Evolutionsgeschwindigkeit, die verschiedenen *Evolutionsraten* mußten ja stets nachdenklich stimmen. In den siebziger Jahren des letzten Jahrhunderts haben daher einige Paläontologen, vor allem die Amerikaner Niles Eldredge und

Abb. 7: Zwei Tiergattungen, die Übergangsformen darstellen bzw. an der Wurzel einer Klasse stehen. Oben: *Ichthyostega* aus dem Devon, das älteste Amphibium (noch mit Fischmerkmalen). Unten: *Cynognathus*, ein säugetierähnliches Reptil aus dem frühen Mesozoikum. (Nach verschiedenen Autoren)

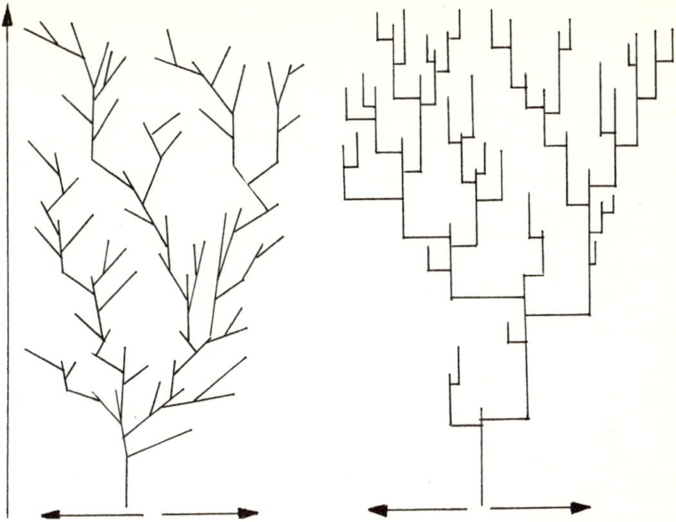

Abb. 8: Schematische Darstellung des Gradualismus (links) und des Punktualismus (rechts). Nach dem gradualistischen Modell verzweigen sich die Äste des Stammbaums allmählich nach oben. Gemäß dem Punktualismus werden sie in mehr oder weniger regelmäßigen Abständen unterbrochen, weisen nach links oder rechts, um dann ziemlich abrupt hochzuschießen. Der senkrechte Pfeil ist der Zeitpfeil, die waagrechten Pfeile deuten die „Auseinander"-Entwicklung an. (Nach verschiedenen Autoren)

Stephen J. Gould, die Theorie der „unterbrochenen Gleichgewichte" *(punctuated equilibria)* vorgeschlagen. Diese inzwischen auch als *Punktualismus* bekannte Theorie besagt, daß die Evolution oft über längere Zeiträume sozusagen stagniert und daß diese „ruhigen Phasen" der Evolution immer wieder von Phasen des raschen Wandels unterbrochen werden. „Rascher" Wandel bedeutet dabei natürlich nicht plötzliche Veränderungen gleichsam über Nacht, sondern nur signifikant höhere Evolutionsraten im Vergleich zur jeweils vorangegangenen Phase. Allerdings ergibt sich so ein vom Gradualismus verschiedenes Modell der Evolution (Abb. 8). Die beiden Modelle stehen aber nicht im Widerspruch zueinander.

Die Evolution ist, wie schon angedeutet wurde, ein so komplexer Vorgang, daß sie sich ohne weiteres mit unterschiedlichen Modellen beschreiben läßt. Manchmal, bei bestimmten Organismengruppen, kann sie in der Tat sehr langsam verlaufen und gewissermaßen stagnieren, dann wiederum kann sie sich, unter günstigen ökologischen Bedingungen, beschleunigen und in ziemlich rascher Folge neue Arten hervorbringen. Ein eindrucksvolles Beispiel dafür liefern die verschiedenen Arten der Buntbarsche im Victoriasee in Ostafrika. Das Alter dieses Sees wird auf maximal 750 000 Jahre geschätzt (nach erdgeschichtlichen Maßstäben kein beeindruckender Zeitraum). Wie molekulargenetische Untersuchungen ergeben haben, leiten sich die 14 in diesem See lebenden Buntbarsch-Arten von einer einzigen Stammart ab (die von nahegelegenen älteren Seen eingewandert sein dürfte) und benötigten für ihre Evolution nicht mehr als 200 000 Jahre. Führt man sich dagegen das Schnabeltier vor Augen, das als einziger Vertreter seiner Familie (deren Ursprünge im dunkeln liegen) existiert und für Säugetiere sehr ursprüngliche, reptilienhafte Merkmale bewahrt hat, dann erkennt man, daß Evolution tatsächlich nach sehr verschiedenen Mustern ablaufen kann. Gradualismus und Punktualismus sind somit keine einander ausschließenden Alternativen, vielmehr ergänzen sie einander, denn Evolution kann sich eben einmal so und ein anderes Mal ganz anders abspielen.

Einige Vorstellungen von Evolutionsabläufen dürfen wir aber getrost als pseudowissenschaftlich verabschieden oder in den Bereich *science fiction* delegieren. Eine „Großmutation" von der Art, daß beispielsweise Spinnen praktisch über Nacht drei Meter groß werden, ist ausgeschlossen. Einen solchen Wandel läßt der Konstruktionsplan der Spinnen grundsätzlich nicht zu. Wie und mit welcher Geschwindigkeit sich Organismen verändern können, hängt nicht zuletzt auch von ihrem eigenen Konstruktions- und Funktionsgefüge ab (S. 68).

Bewahren und erneuern

Die Evolution des Lebenden zeigt, ganz grob gesprochen, zwei verschiedene Eigenschaften. Auf der einen Seite ist sie sehr innovativ und erzeugt (mit welcher Geschwindigkeit auch immer) fortgesetzt neue Arten und Gattungen und auch neue Organisationstypen. So ist die Organisation zum Beispiel der Insekten schon bei sehr oberflächlicher Betrachtung völlig verschieden von der der Reptilien oder Säugetiere, und der Bauplan der Blütenpflanzen ist deutlich von dem der Moospflanzen zu unterscheiden. Auf der anderen Seite bewahrt sie alte Strukturen und baut auf ihnen auf. Was sich einmal bewährt hat, so lautet dabei die Faustregel, wird mit hoher Wahrscheinlichkeit auch in Zukunft auftreten. Der Mechanismus der Speicherung und Weitergabe genetischer Information, der *genetische Code*, blieb seit der Entstehung des Lebens seinem Wesen nach gleich und hat sich also seit über drei Milliarden Jahren nicht verändert. Er ist für nahezu alle heute lebenden Organismenarten ein grundlegendes Merkmal. Dieser Umstand wird häufig als Beweis für den *monophyletischen* Ursprung aller Lebewesen gesehen, also als Beweis für die gemeinsame Wurzel und Verwandtschaft aller Organismenarten.

Jede einzelne Organismenart ist aber durch ein spezifisches genetisches Programm charakterisiert – und dieses ist sehr wohl variabel. Es verleiht jeder Spezies ihre genetische Identität und Einmaligkeit, verändert sich aber im Laufe der Zeit. Da sie unzählige Arten hervorgebracht hat, bedeutet die Evolution eine ständige Erzeugung von neuen (genetischen) Informationsprogrammen. Innerhalb einer Art gleichen die Nachkommen grundsätzlich ihren Eltern, deren *genetische Information* sie in den frühen Phasen ihrer *Ontogenese* oder individuellen Entwicklung übernehmen. Anatomische Merkmale, physiologische Eigenschaften und Verhaltensleistungen werden kontinuierlich von einer zur anderen Generation übertragen. Dieser Erbkonstanz der Arten stehen aber Veränderungen in der Generationenabfolge gegenüber. Da bei den Nachkommen einer Elterngeneration neue Genkombinationen auftreten (S. 56) und sich in der Ontogenese beim „Kopieren" der genetischen Information gelegentlich Fehler einschleichen (S. 57), entsteht eine genetische Vielfalt der Individuen, die Evolution überhaupt erst ermöglicht.

Auf überindividueller Ebene und oberhalb des Artniveaus werden von der Evolution bestimmte Strukturen und Funktionen auch häufig bewahrt, wie abermals die „lebenden Fossilien" zeigen; aber ebenso werden neue Organisationstypen oder Baupläne kreiert, wovon die vielen Stämme und Klassen der Organismenwelt Zeugnis ablegen. Hat sich einmal ein bestimmter Organisationstypus etabliert, dann bleibt seine Grundstruktur über lange Zeiträume bestehen, während sich viele seiner Einzelmerkmale verändern. Die Wirbeltiere, um ein einfaches und einleuchtendes Beispiel zu geben, sind ausnahmslos durch ein Innenskelett gekennzeichnet, dessen Grundform sich vor knapp 500 Millionen Jahren ausgebildet hat. Sie besitzen im allgemeinen vier Extremitäten, die nur bei manchen Formen (zum Beispiel Schlangen) sekundär, als Folge von Spezialanpassungen, reduziert wurden oder verschwunden sind. Die Wirbeltierextremitäten sind ein Paradebeispiel für die *Homologie*, das Vorliegen von Strukturen mit einem gemeinsamen Ursprung, der sich im Detail etwa durch die Lage und Anordnung der einzelnen Knochen immer noch erkennen läßt, obwohl die äußere Gestaltung der Gliedmaßen und ihre Funktionen stark variieren. Man denke an Fischflossen, Flügel (Vögel, Fledermäuse) oder beispielsweise an die spezifische Gestaltung der Extremitäten bei den Huftieren. Der Grundplan der Extremitäten ist zwar immer der gleiche, aber an ihren „Rändern" hat ein enormer Wandel stattgefunden.

Anpassung und Spezialisierung

Nicht nur Extremitäten, sondern auch alle anderen Strukturen oder Organe und ebenso Verhaltensweisen können unter gegebenen Umweltbedingungen auf sehr spezielle Weise abgewandelt werden. Die Freßgewohnheiten des Großen Panda oder Bambusbären beispielsweise sind Ausdruck extremer Spezialisierung. Diese sehr populäre Säugetierart, Symbol des WWF *(World Wildlife Fund)* und in der heutigen Kuscheltier-Industrie äußerst beliebt, ist inzwischen (leider) recht selten geworden und vom Aussterben bedroht. Für den Evolutionsbiologen ist der Große Panda nicht zuletzt als Nahrungsspezialist interessant. Denn der Panda verbringt zwei Drittel seines Lebens damit, ziemlich nährstoffarme Bambussprößlinge zu kauen und zu fressen und Unmengen davon wieder auszuscheiden. Sogar seine Vordergliedmaßen sind dem Halten von Bambussprößlingen angepaßt. Aufgrund seiner extremen Spezialisierung gehört der Bambusbär gleichwohl nicht zu den „Erfolgstypen" der Evolution. Erfolgreich sind in der Regel die Generalisten, zum Beispiel Tiere, die viele unterschiedliche Nahrungsquellen zu nutzen wissen. Der Erfolg unserer eigenen Spezies ist nicht zuletzt darauf zurückzuführen, daß sie – wie fast jeder ihrer stammesgeschichtlichen Ahnen – den Typus des Allesfressers repräsentiert.

Seit dem 19. Jahrhundert wurde immer wieder versucht, allgemeine Gesetzmäßigkeiten oder zumindest Regelmäßigkeiten für die Abläufe der Evolution zu finden. Beispielsweise argumentierte der Biologe und Naturphilosoph Bernhard Rensch (1900–1990), daß sich für die Formenaufspaltung beziehungsweise Stammverzweigung ein für viele Stammesreihen gültiges Grundmuster feststellen läßt. Demnach verläuft die Evolution im wesentlichen in drei Phasen: Einer „explosiven" Phase der Entstehung neuer Arten folgt die Phase der Spezialisierung, die nach einer gewissen Zeit schließlich in die Phase der „Überspezialisierung" und Entartung mündet (die dann den Beginn des Aussterbens anzeigt; S. 47 ff.). Inwieweit sich dieses Schema tatsächlich allgemein anwenden läßt, sei dahingestellt. Es gibt jedenfalls gute Beispiele für eine relativ rasche Artaufspaltung und eine damit verbundene Spezialisierung.

Wenn eine Organismenart einen neuen Lebensraum besiedelt und dort wenige bis keine konkurrierende Spezies antrifft, spaltet sie sich oft in mehrere neue Arten auf. Die erwähnten Buntbarsche im Victoriasee liefern dafür ebenso ein Beispiel wie die viel berühmteren Darwin-Finken. Darwin hatte auf den Galápagosinseln, etwa 1 000 Kilometer vor der Westküste Ecuadors, mehrere Arten von (heute nach ihm benannten) Finken beobachtet, die einerseits einander recht ähnlich sind, sich aber in ihren Schnabelformen deutlich voneinander unterscheiden. Diese Beobachtung trug entscheidend dazu bei, daß er an der Konstanz der Arten zweifelte und deren Veränderung annahm. Die Stammart der Darwin-Finken wurde vor etwa zehn Millionen Jahren auf die Galápagosinseln verschlagen. Dort fand sie eine neue *ökologische Nische*. In der Folge spaltete sie sich in 13 Arten auf, die unterschiedliche Nahrungsquellen nutzten und noch immer nutzen. Manche von ihnen spezialisierten sich als Insektenfresser (und entwickelten zarte, spitze Schnäbel), andere wurden Körnerfresser (mit kräftigen, kurzen Schnäbeln), wiederum andere suchen Nahrung am Boden (mit verschiedenen dafür geeigneten Schnabelformen). Die Darwin-Finken haben also die verfügbaren Ressourcen gut genutzt, sich an diese mit unterschiedlicher Ernährungsweise angepaßt und so eine Entwicklung in verschiedene Richtungen durchgemacht *(adaptive Radiation)*. Ihr Vorteil war von Anfang an, daß konkurrierende Vogelarten fehlten.

Eine enge Spezialisierung vermindert freilich die Flexibilität jeder Spezies. Es genügen einige – wodurch auch immer bewirkte – Änderungen der Umwelt, und der Spezialist ist sozusagen verloren. Sein Aussterben wird dann eine nachgerade zwingende Konsequenz. Anpassung kann neue Arten hervorbringen, die Überlebensfähigkeit einer Art aber auch drastisch einschränken.

Parallelentwicklungen

Es ist interessant zu sehen, wie Vertreter ganz unterschiedlicher Organismenklassen in der Auseinandersetzung mit den jeweils gleichen Umweltbedingungen anatomische Strukturen mit sehr ähnlichen oder gleichen Funktionen entwickelt haben. Solche *Analogien* oder *Konvergenzen*, anatomische Gebilde oder auch Verhaltensweisen, sind in ziemlich großer Zahl bekannt. Sie liefern das Gegenstück zur Homologie: Sie sind nicht identischen Ursprungs, sondern stellen Parallelentwicklungen auf sehr verschiedener struktureller Basis dar. Durch sie wird belegt, daß spezifische Lebensbedingungen bei sehr verschiedenen Organismen eine ähnliche „Reaktion" hervorrufen, ja erzwingen können.

Flügel wurden unabhängig voneinander in so verschiedenen Tierklassen wie Insekten, Reptilien (Flugsaurier), Vögeln und Säugetieren (Fledermäuse) entwickelt. Die Vorderextremitäten der Flugsaurier, Vögel und Fledermäuse sind zwar – wie die aller Wirbeltiere – auch homolog, aber kein Wirbeltierflügel ist mit den Insektenflügeln strukturell zu vergleichen: Jede Wirbeltierextremität besteht aus Knochen, ein Insektenflügel jedoch ist eine Hautausstülpung. Er hat aber die gleiche Funktion wie ein Wirbeltierflügel: er erlaubt es seinen „Trägern", sich fliegend fortzubewegen.

Ein weiteres Beispiel für Analogien liefern wasserbewohnende Wirbeltiere mit ihrer „Torpedokonstruktion", die sich nicht nur bei Fischen entwickelt hat, sondern auch bei Reptilien (ausgestorbene Meeressaurier) und Säugetieren (Wale, Delphine). Auch Pinguine zeigen beim Schwimmen eine ähnliche Gestalt. Ein länglicher, seitlich etwas abgeplatteter Körper bietet Schwimmern natürliche Vorteile, da er im Einklang mit den physikalischen Gesetzen des Wassers steht. Daher ist es gewiß kein Zufall, daß die Evolution zum Beispiel keine würfelförmigen Fische hervorgebracht hat. Sollte ein derartiges „Experiment" dennoch einmal unternommen worden sein, dann war es von vornherein zum Scheitern verurteilt und blieb daher ohne jedes positive Ergebnis.

Evolutive Trends

Die Frage liegt auf der Hand, ob sich aus der Evolution bestimmte Tendenzen oder Trends herauslesen lassen. Wie die enorme Fülle der Organismenarten belegt, ist in der Evolution zwar sehr vieles möglich, aber die Annahme von bestimmten Regelmäßigkeiten ist auch nicht einfach zu verwerfen. Allein die Parallelentwicklungen zeigen, daß die Evolution unter gegebenen Randbedingungen wiederholt Strukturen mit sehr ähnlichen oder gleichen Funktionen hervorgebracht hat und mithin bestimmten Mustern folgt. Ein besonders „heißes Eisen“ war für Evolutionstheoretiker immer wieder das als *Orthogenese* („geradlinige Entwicklung“) bezeichnete Phänomen.

Verschiedene Stammesreihen zeigen eine sehr konstante Entwicklung in eine bestimmte Richtung. Eines der bekanntesten und beliebtesten Beispiele dafür ist die Reihe Pferde. Die Evolution der Pferde begann vor etwa 60 Millionen Jahren mit relativ kleinen, katzen- bis fuchsgroßen Formen mit fünf Zehen. Im weiteren Verlauf ihrer Evolution wurden die Pferde nicht nur immer größer, auch die Zahl ihrer Zehen reduzierte sich konstant, bis zum „einzehigen Springfuß“. Aus einem eher langsamen Waldtier wurde ein schnell laufender Steppenbewohner. Damit einher ging auch eine Veränderung der Nahrungsgewohnheiten und der Gebißform. Die ursprünglichen Allesfresser wurden zunächst zu Laub- und schließlich zu Grasfressern. Dennoch hängt das Bild einer geradlinigen Evolution der Pferde etwas schief. Verschiedene Seitenzweige bleiben dabei unberücksichtigt, und die einzelnen Pferdearten sind keineswegs in schöner Reihenfolge nacheinander entstanden (Abb. 9). Nun ist aber auch nicht zu leugnen, daß in der Evolution der Pferde in der Tat die Körpergröße zugenommen und sich die ursprüngliche Zehenzahl reduziert hat. Eine Zunahme der Körpergröße finden wir übrigens auch bei anderen Stammesreihen, zum Beispiel bei Elefanten oder auch beim Menschen.

Man kann davon ausgehen, daß frühe Formen allmählich durch solche ersetzt wurden, die für ihre jeweilige Lebensweise leistungsfähiger waren. So könnte eine *Orthoselektion*, eine immer „gleichgerichtete“ Auslese, dazu geführt haben, daß in der Evolution der Pferde ein relativ großer Einhufer übrigblieb und alle anderen Varianten und Seitenzweige unter sich wandelnden Umweltbedingungen keine Überlebenschance hatten. Nicht angenommen werden kann, daß in der Evolution der Pferde eine Zunahme der Körpergröße und eine Reduktion der Zehen von vornherein programmiert waren. Bei den Elefanten

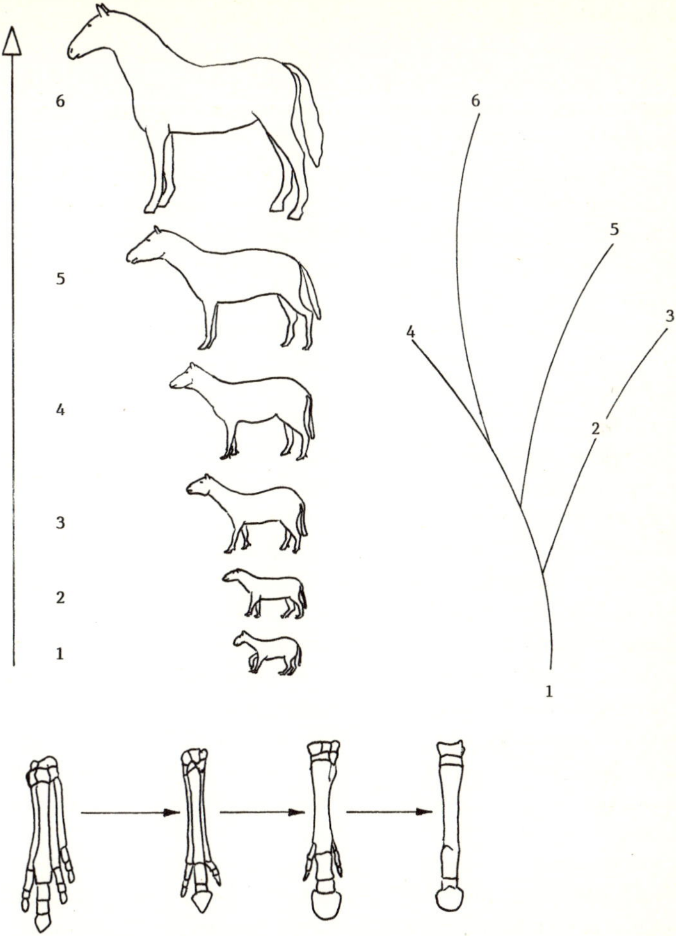

Abb. 9: Pferdereihe und Orthogenese des Pferdefußes (unten). Das Schema rechts zeigt, daß die Evolution der Pferde keineswegs geradlinig verlaufen ist und daß die heutigen Pferde ein Resultat mehrerer „ungerader" Entwicklungswege darstellen. (Kombiniert nach verschiedenen Autoren, aus Wuketits 1998)

hat die Körpergröße im allgemeinen zwar auch zugenommen, doch haben sich in mehreren Elefantenlinien Zwergformen entwickelt. Es gibt keine Regel, wonach die Organismen in der Evolution immer größer werden. Von vielen Tiergruppen kennen wir aus der Vergangenheit Arten, die viel größer waren als ihre heutigen Vertreter. Nach dem Aussterben der Dinosaurier hat die Evolution bei den Reptilien nie mehr eine Art hervorgebracht, die auch nur annähernd so groß gewesen wäre wie etwa der *Brachiosaurus* (ca. 25 Meter Körperlänge). Die heute lebenden Beuteltiere sind ausnahmslos wesentlich kleiner als einige ihrer fossilen Repräsentanten, die mit der Gattung *Diprotodon* die Größe von Nashörnern erreichten. Viele weitere Beispiele ließen sich dazu anführen.

Evolutive Trends sind im allgemeinen gleichsam eine statistische Angelegenheit. Es ist recht einfach, aus entsprechenden Fossilfunden eine orthogenetische Entwicklungsreihe zusammenzustellen, vor allem, wenn man von der Idee beseelt ist, daß sich Evolution schrittweise abspielt und dabei konstant eine bestimmte Richtung verfolgt. Wir neigen dazu, die Evolution von ihren heutigen Ergebnissen aus zu beurteilen, und interpretieren dabei die Existenz früherer (ausgestorbener) Formen gern als „Vorbereitung" auf den heutigen Status der Tier- und Pflanzenwelt. Diese Interpretation ist falsch. Wir wissen heute, daß es in der Evolution keine Zukunftsplanung gibt, sondern nur „Entscheidungen für den Augenblick"; was sich momentan bewährt, das zählt (und tritt häufig auf), anderes stirbt aus – also nicht allein durch ökologischen Raubbau. So können evolutive Trends nur als ganz bestimmte Entwicklungsmuster nachvollzogen werden: nicht als von vornherein determinierte Entwicklungen, sondern als Phänomene, die unter ganz bestimmten Umweltbedingungen auftreten, auf die die betroffenen Lebewesen auch adäquat reagieren können. „Alle Versuche, einen universellen Trend in der Evolution zu finden, sind fehlgeschlagen" (Douglas J. Futuyma, *Evolutionsbiologie*, S. 417).

Ein für das Verständnis der Abläufe der Evolution interessantes Prinzip ist jedoch das der *Irreversibilität*. Vom belgischen Paläontologen Louis Dollo (1857–1931) aufgestellt, besagt es, daß komplexere stammesgeschichtliche Umwandlungen nicht rückgängig gemacht werden können. Bildhaft ausgedrückt: Die Straßen der Evolution sind Einbahnstraßen, Geisterfahrer sind nicht zugelassen. So ist eine Rückentwicklung der Pferde zu kleinen fünfzehigen Formen ebenso ausgeschlossen wie ein – auf Rückentwicklungen heutiger Arten beruhendes – erneutes Erscheinen jener Flugsaurier, die vor 100 Millionen Jahren existierten. Nur in sehr kleinen Dimensionen, bei bestimmten Einzelmerkmalen, kann eine reversible Entwicklung stattfinden. Man mag einwenden, daß die *Parasiten* dem Prinzip der Irreversibilität widersprechen, weil bei ihnen verschiedene Organe oft stark reduziert und verkümmert auftreten. Dieser Einwand wäre aber nicht haltbar, denn das genaue Gegenteil ist der Fall. Die heute lebenden Parasiten sind in ihrer Evolution nicht den Weg zurück zu ihren Vorfahren gegangen, sondern haben sich – zum Teil extrem – auf ein Leben auf oder in ihren Wirtsorganismen spezialisiert. Sie stellen keine Rückentwicklungen dar, sondern verkörpern mit ihren unzähligen Arten Resultate von Sonderformen der Evolutionsabläufe.

Das Prinzip der Irreversibilität bedeutet aber auch, daß spezialisierte Formen bei relativ rasch sich wandelnden Umweltbedingungen oft dem Untergang geweiht sind: Sie können sich nicht schnell genug anpassen, können aber auch nicht zu einem früheren Entwicklungsstadium zurückkehren, das ihnen möglicherweise ein längeres Überleben erlauben würde. Damit kommen wir zu einem betrüblichen Aspekt der Evolution.

Das Aussterben in der Evolution

Ähnlich der Sterblichkeit individueller Lebewesen sind auch Arten nicht für die Ewigkeit geschaffen. Im Verlauf der Erdgeschichte haben viel mehr Arten existiert als heute leben (S. 9). Das Aussterben von Arten ist daher ein grundlegender Aspekt der Evolution:

„So muß man also davon ausgehen, daß das Aussterben ein ungemein häufiges, ja offenbar sogar unabdingbares Schicksal der Evolutionslinien ist. Gewiß haben sich ältere Gruppen und Stammeslinien bis heute erhalten, doch so gut wie stets stellen ihre gegenwärtigen Vertreter völlig neue Arten dar, die in der Erdgeschichte nicht allzuweit zurückreichen ... Mit anderen Worten: Aus länger zurückliegenden Zeitspannen haben sich, wenn wir die System-Kategorie der Spezies betrachten, fast keine Vertreter in die Gegenwart herübergerettet, und so bestätigt die verschwindend geringe Zahl der Ausnahmen die Regel, daß auf die Dauer keine Spezies zu überleben vermag." (Heinrich K. Erben, *Die Entwicklung der Lebewesen*, S. 258)

Aber auch eine Art wie *Triops cancriformis* aus der Gruppe der Blattfußkrebse, die ein stammesgeschichtliches Alter von 200 Millionen Jahren erreicht und ein „lebendes Fossil" schlechthin darstellt (S. 31), liefert natürlich nicht den geringsten Hinweis auf die Unsterblichkeit einer Spezies. 200 Millionen Jahre sind im Rahmen der Milliarden Jahre dauernden Evolution des Lebens auf der Erde eine wiederum nur recht kurze Epoche, und es ist ja nicht gesagt, daß jene Art für alle Zukunft weiterexistieren wird.

Als seit dem 19. Jahrhundert immer mehr fossile Arten bekannt wurden, hat die Frage, wo sie denn alle geblieben, warum sie alle ausgestorben sind, Evolutionsbiologen und Paläontologen stets fasziniert. Es wurde beispielsweise die Vermutung aufgestellt, daß nach einer gewissen Zeit die „Lebenskraft" der Arten nachläßt und sie dann – aus ähnlichen Gründen wie Individuen – erlöschen. Für diese Annahme besteht heute freilich keine Veranlassung mehr. Katastrophale Ereignisse in ihrer Umwelt oder das massive Auftreten konkurrierender Arten sind viel wahrscheinlichere Ursachen des Aussterbens. Allerdings kann die enge Spezialisierung einer Art ihr eigenes Aussterben beschleunigen. Der bereits erwähnte Große Panda – von dem (glücklicherweise) noch an die 1 000 Exemplare leben – könnte Opfer sowohl seiner speziellen Freßgewohnheiten als auch äußerer Einflüsse (Reduzierung seines natürlichen Lebensraums) werden.

Das Aussterben in der Evolution erfaßt aber nicht nur mit mehr oder weniger großer Regelmäßigkeit einzelne Arten. Aus der Erdgeschichte ist das Phänomen des *Massenaussterbens*, bei dem gleichzeitig viele Spezies und ganze Klassen oder Stämme erlöschen, mehrfach dokumentiert. Das bekannteste Beispiel ist natürlich der Untergang der Saurier vor etwa 65 Millionen Jahren. Wahrscheinlich war der Einschlag eines Asteroiden auf der Erde der Auslöser für diese Katastrophe. Aber erst die Folgewirkungen – gewaltige Vulkanausbrüche, heftige Erdbeben, eine großflächige Klimaänderung – haben die Saurier hinweggerafft. Seit dem Kambrium sind aber noch vier weitere Phasen des Massenaussterbens bekannt. Die größte – größer als das Sauriersterben – fand vor rund 250 Millionen Jahren statt und vernichtete über 80 Prozent aller damals lebenden Tierarten. Die Tierwelt entging also nur knapp ihrem völligen Untergang. Die zuvor verbreiteten Panzerfische und Trilobiten (Dreilappkrebse) starben zur Gänze aus, der Bestand der auf dem Festland lebenden Insekten, Amphibien und Reptilien schrumpfte ganz empfindlich zusammen. Aber die Tierwelt als Ganzes erholte sich wieder, und die Evolution brachte unzählige neue Arten hervor.

Von den meisten Menschen unbemerkt, findet auch derzeit ein gewaltiges Massenaussterben – unter menschlichem Einfluß (!) – statt. Die Aussterbensrate beträgt drei bis fünf Arten pro Stunde! Verantwortlich dafür ist vor allem die massive Rodung der tropischen Wälder, die die meisten rezenten Arten beherbergen. Damit sind wir heute (meist stumme) Zeugen eines noch viel größeren Massenaussterbens, eines Artensterbens, das, vor allem hinsichtlich seiner Geschwindigkeit, keine Parallelen in der bisherigen Evolutionsgeschichte hat. Die Auswirkungen der Lebensform unserer eigenen Spezies auf das Leben anderer Arten sind ein besonders böses Beispiel für äußere Einflüsse auf das Aussterben von Arten. Aber auch unabhängig vom Einfluß des Menschen haben – wie schon gesagt – in der Evolution des Lebens äußere Faktoren offenbar entscheidend zum Aussterben unzähliger Arten beigetragen. Neu am derzeitigen Artensterben ist jedoch, daß dieses auf die Wirkung einer *einzigen Spezies*, eben des Menschen, zurückzuführen ist. Keine einzelne Spezies war je eine so große Gefahr für so viele andere Arten. Gleichzeitig ist der Glaube, daß *Homo sapiens* die „Krone der Schöpfung" oder den „Gipfelpunkt der Evolution" darstellt, immer noch weit verbreitet. Dieser Glaube entspricht aber nicht den evolutionsbiologischen Tatsachen, sondern nährt sich von jenem alten und längst widerlegten geozentrischen Weltbild des Menschen.

Evolution und Fortschritt

Seit dem 19. Jahrhundert waren viele Evolutionstheoretiker davon überzeugt, daß Evolution mit Fortschritt gleichzusetzen sei. Auch Darwin, dessen Theorie eigentlich wenig Anlaß für diese Überzeugung bietet, glaubte zumindest, daß sich der Mensch in geistiger und moralischer Hinsicht verbessern würde – womit er einer älteren Idee Schützenhilfe gab: der zur Zeit der *Aufklärung* im späten 18. und beginnenden 19. Jahrhundert geborenen Idee von der „Verbesserungsfähigkeit" des Menschen. Der Beginn des industriellen Zeitalters im 19. Jahrhundert verhalf dieser Idee zu einem entscheidenden Aufschwung. (Schließlich war auch Darwin ein Kind seiner Zeit.) Der Fortschrittsglaube ist also geistesgeschichtlich älter als die Evolutionstheorie, aber diese sollte ihn umgekehrt unterstützen. Man suchte daher in der Natur nach Hinweisen für eine fortschrittliche Entwicklung, die zugleich Anlaß zur Hoffnung auf eine Fortentwicklung des Menschengeschlechts gab.

Allein das Modell des „Stammbaums" (S. 19) vermittelt schon den Eindruck, daß sich die Lebewesen sozusagen nach oben entwickeln. Dieses Modell suggeriert, daß an der „Wurzel" einfache, primitive Lebewesen standen, die sich zu immer höheren Formen verzweigten. So gewinnt man leicht den Eindruck, daß Evolution schlechthin *Höherentwicklung* bedeutet. In der Tat gehört dieser Ausdruck zum Standardvokabular der Evolutionsbiologie – allerdings gehen Evolutionstheoretiker

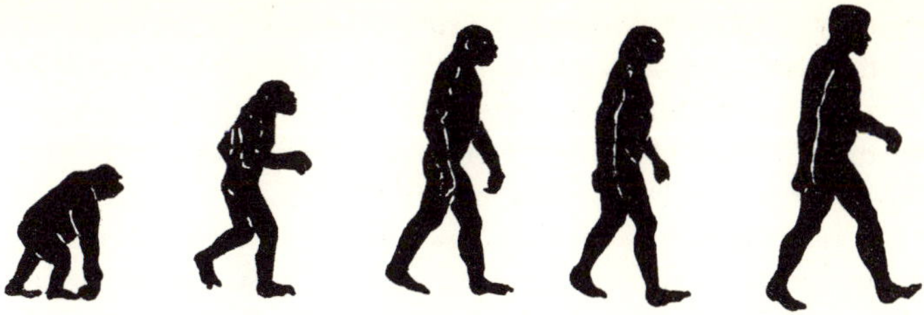

Abb. 10: Sehr verbreitetes, beliebtes und irreführendes Schema der Evolution des Menschen, das eine geradlinige und progressive Entwicklung suggeriert.

inzwischen sehr vorsichtig damit um. Zum einen legt der Ausdruck Wertungen nahe: „gut", „besser", „schlecht". Zum anderen unterstützt er die bloß intuitive Vorstellung, daß die Evolution gleichsam automatisch zum „Besseren" fortschreite. Ein suggestives Beispiel dafür haben wir schon mit der „Pferdereihe" kennengelernt (S. 45). Noch überzeugender als Beleg für evolutiven Fortschritt erscheint die Entwicklungsgeschichte unserer eigenen Art, die unzählige Male als eine lineare Evolution vom „primitiven Affen" über verschiedene Zwischenstadien zum erhabenen *Homo sapiens* dargestellt wurde (Abb. 10).

Aber wie die Evolution der Pferde war auch die Evolution der Hominiden (Menschenartigen) alles andere als eine lineare Entwicklung, die allmählich immer „höhere" Formen hervorgebracht hat. Vorstellungen von einer linearen, progressiven Evolution unterschlagen die vielen „Seitenäste" jeder Formenreihe, die „abgebrochenen Äste des Stammbaums", und sind Abstraktionen, die die vielen verschlungenen Wege der Evolution nicht erfassen. Gegen die Idee einer gleichförmigen, progressiven Evolution sprechen verschiedene Tatsachen. In der Evolution der einzelnen Stämme und Klassen sind die jeweils als primitiv eingestuften Formen nicht verschwunden. Beispielsweise gibt es bei den Säugetieren immer noch zwei eierlegende Gattungen (Schnabeltier, Ameisenigel), die in vieler Hinsicht an Reptilien erinnern (von denen die Säugetiere abstammen). In der Evolution wurden also nicht einfach alte und „primitive" Formen sukzessive durch „höhere" ersetzt. Wäre dem so, dann dürfte es, um ein weiteres Beispiel zu nennen, auch nicht mehr die auf einigen Inseln vor Neuseeland lebende Brückenechse geben – ein altertümliches Reptil, bei dem sich die Grundstruktur seiner im Mesozoikum lebenden Vorfahren nicht geändert hat. Überhaupt dürfte es dann nur noch sehr „hochentwickelte" Arten, bloß einige Primatenarten, geben. In der Evolution wird, wie gesagt (S. 39), sowohl Neues geschaffen als auch Altes bewahrt. Von einer geradlinigen Höherentwicklung kann also keine Rede sein.

Es ist gewiß richtig, daß in der Gesamtbilanz der Evolution eine *Komplexitätszunahme* zu Buche schlägt. Schimpansen sind viel komplexer als Schnabeltiere, diese wiederum viel komplexer als etwa Regenwürmer, welche in ihrer Komplexität die Bakterien weit übersteigen. Das bedeutet aber eben nicht, daß alle Organismen eine Höherentwicklung durchmachen. Sonst müßten ja auch die Bakterien längst ein völlig anderes Entwicklungsniveau erreicht haben als ihre präkambrischen Vorfahren. Selbstverständlich haben viele Organismengruppen im Laufe ihrer Evolution ihre Leistungsfähigkeit verbessert. Das geschah vor allem durch die Entwicklung arbeitsteiliger Organe und ihrer Koordination. Bei vielen Gruppen ist auch eine Zunahme der Plastizität bemerkbar, die oft mit einer erstaunlichen *Lernfähigkeit* einhergeht. Vor allem Säugetiere und Vögel zeichnen sich im allgemeinen durch ein relativ hohes Reaktionsvermögen gegenüber ihrer Umwelt aus, was mit dem Entwicklungsniveau ihrer Nervensysteme zusammenhängt. Die (nichtmenschlichen) Primaten – und dabei insbesondere die Pongiden oder Menschenaffen – verfügen bereits über erstaunliche Bewußtseinsmerkmale, die Gedächtnis, Werkzeuggebrauch, taktische Täuschung von Artgenossen und anderes einschließen. Letztlich hat der Mensch sogar die Fähigkeit entwickelt, über seine eigene Vergangenheit und Zukunft kritisch nachzudenken.

Dennoch ist der Evolutionstheoretiker gut beraten, von der Idee eines durchgehenden Fortschritts in der Evolution Abstand zu nehmen. Die Evolution kennt keine Absichten und Ziele, und es ist kein Gesetz auszumachen, das eine Höherentwicklung automatisch erzwingt. Schließlich wäre es völlig verfehlt, Organismenarten als „besser" oder „schlechter" zu bewerten. Was in der Evolution zählt, ist das genetische Überleben – und dazu sind, wie jeder beobachten kann, „primitive" Regenwürmer genauso geeignet wie komplexe Säugetiere. Die Vorstellung von einer allmählichen „Vervollkommnung" der Arten gehört also längst der Vergangenheit an. Wie lang sich eine Art sozusagen halten kann, wie gut sie sich bewährt, ist nicht eine Frage ihrer Komplexität. Die Saurier waren sehr komplexe Organismen, dennoch wurden sie von viel älteren Konstruktionstypen wie etwa den Haien (ganz zu schweigen von den Bakterien und den unzähligen anderen einzelligen Lebewesen) überlebt. Es gibt also, mit anderen Worten, keinen „Pfeil der Evolution", und falls es ihn geben sollte, dann fliegt er in keine bestimmte Richtung.

Die Motoren der Evolution

Wie kommt Evolution überhaupt zustande? Was sind die sie treibenden Kräfte, ihre Motoren? Die in ihren Grundzügen bis heute gültige Theorie dazu hat Darwin vorgelegt: Aus einer Fülle von Varianten (Individuen) jeder Art werden durch natürliche Auslese die jeweils tauglichsten ausgewählt, so daß es im Laufe der Zeit zu einer Dominanz bestimmter Varianten kommt, wobei andere – weniger taugliche – allmählich verschwinden. Die natürliche Auslese erweist sich somit einerseits als ein fördernder, andererseits als ein eliminativer Faktor der Evolution. Wie sie aber im einzelnen wirkt, war immer wieder eine recht umstrittene Frage unter Evolutionsbiologen. Darwin selbst mußte bei der Erklärung *rudimentärer Organe* – das sind sozusagen Überbleibsel von stammesgeschichtlich alten Merkmalen – auf Lamarcks Theorie der Vererbung erworbener Eigenschaften zurückgreifen beziehungsweise, genauer gesagt, auf dessen Vorstellungen von der Entwicklung oder Rückbildung von Organen durch deren fortgesetzten Gebrauch oder Nicht-Gebrauch. Beispielsweise haben sich bei den Pythonschlangen trotz ihrer speziellen Fortbewegungsweise und Lebensart Reste der Hinterextremitäten (im Körper verborgen) gehalten. Man könnte sagen, daß es dabei der Selektion (noch) nicht gelungen ist, ein überflüssig gewordenes Merkmal vollständig zu eliminieren; andererseits schadet sein Vorhandensein offenbar nicht. Bei uns Menschen, um ein anderes Beispiel zu erwähnen, tragen die Schwanzwirbel des Steißbeins an ihrer Innenseite immer noch Proportionen der Schwanzmuskulatur, obwohl wir seit einigen Millionen Jahren über gar keine Schwänze mehr verfügen.

In den letzten Jahrzehnten konnten einige Fragen im Zusammenhang mit der Wirkungsweise der Selektion befriedigend geklärt werden, und mit der Lösung des Problems der Mechanismen oder Motoren der Evolution insgesamt kam man ein gutes Stück voran. Grundsätzlich gilt, daß die Selektion an einer durch Neukombination der Gene und Mutationen entstandenen (genetischen) Vielfalt ansetzt und so der Evolution ihre jeweils spezifische Richtung verleiht. Diese Richtung ist also nicht von vornherein festgelegt. Die Selektion arbeitet gleichsam blind und opportunistisch – sie bevorzugt nur diejenigen Varianten, die im Moment die beste Chance haben, auf der Bühne der Evolution für längere Zeit zu erscheinen.

Sexualität und die Entstehung genetischer Vielfalt

Eine alltägliche Beobachtung zeigt, daß wir Menschen – Angehörige der Spezies *Homo sapiens* – einander sehr ähnlich sind, uns aber auch durch viele Merkmale voneinander unterscheiden. Unsere Fingerabdrücke sind individuell so spezifisch, daß Kriminalisten sie zur Identifikation von Tätern verwenden können. Natürlich besteht auch unter allen anderen Spezies eine große individuelle Vielfalt. Sie fällt uns allerdings oft nicht so deutlich auf. Darwin hatte jedenfalls recht: Jede Art besteht in einer relativ großen Variationsbreite ihrer Individuen. Er hat auch mit seiner Beobachtung recht behalten, daß die einzelnen Individuen einer Art in ihrer Fortpflanzung unterschiedlich erfolgreich sind. Diese Beobachtung war der Schlüssel zur Beantwortung der Frage, auf welcher Basis Arten veränderlich sind, wodurch also der stammesgeschichtliche Artenwandel zustande kommt.

Zu den bedeutendsten „Erfindungen" in der Geschichte des Lebens auf der Erde gehört die *Sexualität*. Die sexuelle oder geschlechtliche Fortpflanzung ist in der Organismenwelt die dominierende Fortpflanzungsweise. Manche Einzeller vermehren sich durch Zweiteilung, die Korallen beispielsweise entstehen durch Knospung oder Sprossung und bleiben mit dem Muttertier verbunden. Diese Organismen pflanzen sich also auf ungeschlechtliche Weise fort. Die überwiegende Mehrzahl der Arten aber tritt in zwei Geschlechtern auf, einem weiblichen und einem männlichen, und erzeugt ihre Nachkommen auf dem Weg sexueller Kontakte zwischen den Geschlechtern. Diese Art der Fortpflanzung garantiert eine ungeheure genetische Vielfalt. Beim Sexualakt wird genetische Information ausgetauscht. Die Nachkommen sind immer ein Resultat der Durchmischung der elterlichen genetischen Potenzen. Diese Durchmischung bezeichnet man als *genetische Rekombination* (Neuordnung der Gene). In früheren Zeiten war die Ansicht verbreitet, daß in den Nachkommen die Erbanlagen der Eltern (und engeren Verwandten) einfach addiert werden. Wäre dem so, dann wäre jedes Lebewesen eine Ansammlung der genetischen Anlagen seiner Vorfahren, aber kein wirkliches Individuum. Doch diese Auffassung ist falsch. Die Bedeutung der sexuellen Fortpflanzung hat Ernst Mayr knapp und prägnant folgendermaßen formuliert:

> „Die Sexualität hat zur Folge, daß in jeder Generation immer wieder neue Genkombinationen von der Umwelt getestet werden können. Welch ein gewaltiges Potential dem bei der geschlechtlichen Fortpflanzung auftretenden Vorgang der genetischen Rekombination innewohnt, wird deutlich, wenn wir uns vergegenwärtigen, daß bei sich geschlechtlich fortpflanzenden Arten nie zwei Individuen genetisch identisch sind. Wir müssen zugeben: Sex ist etwas Wundervolles!" (*Evolution und die Vielfalt des Lebens*, S. 3)

Nun wird kaum jemand der Feststellung widersprechen, daß Sex etwas Wundervolles ist. Aber abgesehen von unserer eigenen Spezies und wenigen nahe verwandten Arten empfinden die Lebewesen beim Geschlechtsakt keine Lust, sondern vollziehen diesen sozusagen mechanisch. Doch in der Evolution zählt ohnehin nur, was Erfolg hat – ganz gleich, ob Lebewesen dabei Lust empfinden oder quasi teilnahmslos bleiben. Wir können uns also glücklich preisen, daß wir einen zum Evolutionserfolg beitragenden Akt auch noch lustvoll zu erleben imstande sind.

Der Vorgang der genetischen Rekombination ist jedenfalls für die Evolution von sehr großer Bedeutung. Die dadurch entstehende genetische Vielfalt erzeugt eine gewaltige Vielfalt von Individuen in jeder Art, die ihrerseits gleichsam das „Grundmaterial" für die Auslese liefert. Es sind die genetischen Unterschiede, die die Evolution überhaupt in Gang setzen können. Bei genetischer Gleichförmigkeit aller Individuen einer Art wäre Evolution durch natürliche Auslese nicht möglich. Was zählt, ist also die (genetische) Variation – und nicht das Beibehalten von immer gleichen genetischen Anlagen. Darwin selbst wußte von Genetik noch ziemlich wenig, aber er hat die Bedeutung der (genetischen) Variation intuitiv richtig erkannt. Nicht zuletzt deshalb ist seine Theorie so „modern".

Die Bedeutung von Mutationen

Eine weitere Quelle für genetische Vielfalt ist die Mutation, eine spontane Veränderung des Erbguts bzw. von Teilen davon. Die Bedeutung der Mutationen für die Evolution wurde von dem holländischen Botaniker Hugo de Vries (1848–1935) erstmals erkannt. Beobachtungen an einer Pflanzenart, der Amerikanischen Nachtkerze, inspirierten de Vries zu einer Mutationstheorie der Evolution. Er hatte bei dieser Pflanze zwei von ihrer Stammart abweichende Formen gefunden und die Entstehung einer dritten im Experiment mitvollzogen. Seine Theorie war allerdings überzogen, er überschätzte die Rolle der Mutationen im Evolutionsgeschehen. Denn die *Mutationsrate*, also die Häufigkeit von spontanen Änderungen einzelner *Gene* („Erbträger"), ist im allgemeinen recht niedrig. Andererseits weisen bei der berühmten Fliegen-Gattung *Drosophila* zwei bis drei Prozent der Individuen in jeder Generation irgendeine Mutation auf. Daher ist diese Gattung für die Analyse genetischer Faktoren der Evolution von großem Interesse.

Durch experimentelle Eingriffe kann die Mutationsrate beträchtlich erhöht werden. Mutationen lassen sich, wie bereits auf S. 29 gesagt wurde, beispielsweise durch Röntgenstrahlen oder verschiedene chemische Substanzen hervorrufen. Künstlich erzeugte Mutationen haben vielfach die gleiche Wirkung wie natürliche Erbänderungen. Die Bedeutung von Mutationen für die Evolution ist aber insgesamt nicht so groß, wie man oft zu denken geneigt ist. Für die Erzeugung genetischer Vielfalt ist die Neukombination der Gene im Prozeß der geschlechtlichen Fortpflanzung wichtiger. Die Mehrzahl der Mutationen hat in einer *Population* (einer Gruppe von potentiell miteinander kreuzbaren Individuen einer Art in einem bestimmten geographischen Raum) oft fast keine oder eher ungünstige Auswirkungen. Die natürliche Auslese schränkt das Überleben und die Ausbreitung mutierter Individuen mitunter erheblich ein. Manchmal können sich Mutationen allerdings auch günstig auswirken und die Lebensfähigkeit ihrer „Träger“ steigern. Viele Mutationen bleiben aber sozusagen unsichtbar.

Manche der früheren Vorstellungen von Mutation sind daher inzwischen längst überholt. Das betrifft vor allem die Annahme von Großmutationen (S. 36), drastischen Veränderungen im Erbgut, die gleichsam schlagartig nicht nur neue Merkmale, sondern auch neue Arten erschaffen sollen. Zwar ist die (genetische) Flexibilität der Organismen oft beträchtlich, aber sie erlaubt nicht das Entstehen neuer Arten (oder gar Familien, Ordnungen etc.) sozusagen über Nacht.

Die Wirkung der natürlichen Auslese

Für eine Mutation gilt ebenso wie für die genetische Rekombination, daß sie vom *Zufall* abhängt. Welche Gene sich wann und wie verändern und wer sich mit wem wann und wo paart, ist keine Frage von Absichten oder Plänen. Erst die Auslese verleiht der Evolution so etwas wie eine Richtung.

Der – in ihren Grundzügen heute bestätigten – Theorie Darwins zufolge beruht die Evolution auf zwei voneinander unabhängigen Faktoren oder Faktorenkomplexen:

1. der zufälligen und ungerichteten Produktion von erblicher Variation (durch, wie wir heute wissen, genetische Rekombination und Mutation);
2. der natürlichen Auslese, die aus der Fülle zufällig entstandener Varianten diejenigen bevorzugt, die für die jeweiligen Lebensbedingungen relativ besser geeignet sind als andere.

Die Selektion führt zum Anwachsen oder auch Absinken „der Frequenz bestimmter Gene in der nächsten Generation und damit zu einer *gerichteten* Veränderung der Genfrequenz in der Generationenfolge – und genau das ist Evolution" (Günther Osche, *Evolution*, S. 44 f.).

Die überwiegende Mehrzahl der heutigen Evolutionsbiologen teilt nicht nur die Ansicht, daß die Selektion eine eminente Rolle in der Evolution spielt, sondern sind auch der Überzeugung, daß aus dem Zusammenwirken dieser beiden Faktorenkomplexe die Evolution des Lebenden hinreichend erklärt werden kann. Die Stimmen derer, die statt dessen – oder zumindest ergänzend dazu – irgendwelche „geheimen Kräfte" für den evolutiven Wandel der Organismen verantwortlich gemacht haben, sind (jedenfalls im Bereich einer wissenschaftlichen Evolutionsforschung) längst verstummt oder zumindest sehr leise geworden. Zum einen führt die Annahme „geheimer Kräfte" ohnehin zu keiner *wissenschaftlichen* Erklärung irgendeines Phänomens, zum zweiten liefert die Selektionstheorie in der ihr von Darwin verliehenen Form eine solide Basis für eine befriedigende Erklärung der Evolution. Allerdings gibt es viele psychologische Momente, die bei manchen Menschen auch heute noch zu einer Abneigung gegen eine solche Theorie führen. Denn dieser Theorie zufolge regieren in der Natur der blinde Zufall und eine opportunistische Selektion, die nur diejenigen Varianten einer Art gedeihen läßt, die sich jeweils als tauglich, als geeignet im Wettbewerb ums Dasein erweisen. Von einem „Plan der Evolution" kann also die Rede nicht sein. Richard Dawkins verwendet die Metapher vom blinden Uhrmacher, um die Rolle der Selektion zu veranschaulichen. Ein blinder Uhrmacher geht tastend vor, fügt verschiedene Elemente zusammen, weiß aber nie, was dabei herauskommen wird:

> „Die natürliche Auslese ist der blinde Uhrmacher; blind, weil sie nicht voraussieht, weil sie keine Konsequenzen plant, keinen Zweck im Sinn hat. Dennoch beeindrucken uns die lebenden Resultate der natürlichen Auslese in überwältigender Weise durch den Anschein von Planung, so als seien sie von einem Meisteruhrmacher entworfen; sie beeindrucken uns durch die Illusion von Entwurf und Planung." (Richard Dawkins, *Der blinde Uhrmacher*, S. 35)

Gewiß, die Vorstellung einer geplanten beziehungsweise planvoll verlaufenden Evolution, in der *kein* Blinder am Werk ist, ist in mancher Hinsicht emotional befriedigender. Da aber naturwissenschaftliche Erklärungen nicht die Aufgabe haben, Emotionen und Wünsche zu befriedigen, muß man sich mit der Selektionstheorie abfinden – weil es in der Biologie keine sinnvolle Alternative zu ihr gibt.

Selbstverständlich wurden die Vorstellungen, die sich Darwin von Evolution und Selektion machte, inzwischen vertieft, ergänzt und verbessert. In den dreißiger und vierziger Jahren des 20. Jahrhunderts nahm eine Theorie klare Konturen an, die gewissermaßen als erweiterte und verbesserte Neuauflage der Theorie Darwins gilt: die sogenannte Moderne Synthese oder *Synthetische Theorie*. Darin fanden vor allem genetische Untersuchungen an Populationen ihren Niederschlag, und im übrigen brachte die Theorie evolutionsbiologisch relevante Ergebnisse aus sämtlichen biologischen Disziplinen zusammen (daher „Synthese"!), von denen einige (zum Beispiel Zellbiologie und allgemeine Genetik) zu Darwins Zeiten noch kaum oder sehr schwach entwickelt waren (über die Prinzipien der Vererbung hatten die meisten Biologen der damaligen Zeit noch ziemlich nebulose Vorstellungen). Für die Vertreter der Synthetischen Theorie war (und ist) die Evolution in allen ihren Dimensionen – Mikro- und Makroevolution (S. 36) – aus dem erwähnten Faktorenkomplex hinreichend erklärbar. Die Theorie wurde quasi zur Lehrbuchtheorie der Evolution.

Das bedeutet freilich nicht, daß die Frage nach der Wirkungsweise der Selektion eine unumstrittene Antwort fand. Im Gegensatz zu Dawkins und anderen Biologen meint zum Beispiel der Göttinger Biochemiker und Nobelpreisträger Manfred Eigen, die Selektion agiere nicht blind, sondern gleiche „einem höchst subtilen Dämon, der auf den einzelnen Stufen zum Leben, wie auch auf den verschiedenen Emporen des Lebens, mit höchst originellen Tricks arbeitet" (*Stufen zum Leben*, S. 253). Und wo setzt die Auslese an? An den Genen, am individuellen Organismus, an Populationen oder an der Art? Darüber ist viel diskutiert und geschrieben worden. Eine wirklich eindeutige Antwort darauf gibt es noch heute nicht. Wahrscheinlich ist, daß die natürliche Auslese auf verschiedenen Ebenen ansetzen kann und man daher mit ihrer pluralistischen Wirkungsweise rechnen muß. Aber wo auch immer sie ansetzt und wie trickreich sie auch arbeiten mag – es steht fest, sie verfolgt keine Absichten.

Entscheidend für die „Arbeitsweise" der Selektion ist sicher die schon von Darwin bemerkte Tatsache der differentiellen Reproduktion, also des unterschiedlichen Fortpflanzungserfolgs. Je erfolgreicher sich Individuen fortpflanzen, um so größer ist die Chance, daß ihre Gene in der weiteren Generationenfolge mit relativer Häufigkeit auftreten werden. Fortpflanzungserfolg bedeutet nicht unbedingt die Zeugung sehr vieler Nachkommen. Eine Elefantenkuh bringt nur etwa alle vier Jahre ein Junges zur Welt. Ihre durchschnittliche Lebenserwartung beträgt 30 bis 40 Jahre, so daß sie – da sie erst im Alter von ungefähr zehn Jahren fortpflanzungsfähig wird und ihre durchschnittliche Tragzeit 22 Monate beträgt – insgesamt nur maximal fünf bis sieben Junge gebären kann. Die Stubenfliege hingegen produziert bis zu 18 Generationen von Nachkommen pro Jahr. Allerdings kennt die Fliege keine elterliche Fürsorge, während sich die Elefantenmutter um jedes einzelne ihrer Jungen sehr intensiv kümmert. Die natürliche Auslese belohnt die jeweils günstigste Fortpflanzungsstrategie. Eine Stubenfliege, die nur ein paar Nachkommen pro Jahr produziert, ist ebenso „aus dem Rennen" wie eine Elefantenkuh, die in ihre – ohnehin wenigen – Nachkommen nichts investiert.

Manchmal muß die Selektion aber auch auf ganz andere Weise wirken. Woraus erklären sich das geradezu verschwenderisch prächtige Federkleid der Paradiesvögel oder die langen Schwanzfedern der Pfaue? Es ist bekannt, daß nur männliche Paradiesvögel prachtvoll „ausstaffiert" sind und nur die Pfauenmännchen über außergewöhnlich lange Schwanzfedern verfügen, die sie wie ein Rad „schlagen", in die Höhe strecken können. Über dieses Phänomen hat schon Darwin nachgedacht und die *sexuelle Selektion* als Erklärung dafür vorgeschlagen. Extrem entwickelte Merkmale bei Männchen sind als Signale an die Weibchen zu deuten. Vor allem bei Arten, bei denen immer mehrere Männchen um die Gunst des anderen Geschlechts buhlen und Balzrituale vollführen, wirkt eine Verstärkung solcher Merkmale positiv. Der Paradiesvogel mit einem besonders prächtigen Federkleid und der Pfau mit dem imposantesten „Rad" haben bei den Weibchen ihrer Art beste Aussichten auf Fortpflanzungserfolg. Es sind in diesen Fällen also die „wählerischen Weibchen", die einen wichtigen Selektionsfaktor darstellen – selbst wenn die durch sie begünstigte Ausstattung der Männchen diesen nicht in jeder Hinsicht zum Vorteil gereicht. Kurzschwänzige Pfaue wären viel wendiger, würden weniger Feinde anlocken und Feinden auch besser entkommen. Aber sie hätten kaum eine Chance, je eine Geschlechtspartnerin zu finden. Offenbar zählt der Fortpflanzungserfolg also wirklich sehr viel, so viel, daß ein Geschlecht die Evolution des anderen maßgeblich beeinflussen kann (sogar zu dessen langfristigem Nachteil).

Die Rolle ökologischer Faktoren

Da kein Organismus im luftleeren Raum lebt, sondern eingebettet ist in eine Umwelt mit vielen auf ihn einwirkenden (Außen-)Einflüssen, spielen ökologische Komponenten in der Evolution eine wesentliche Rolle. Auf der einen Seite sind Lebewesen mit vielen abiotischen Faktoren konfrontiert (Klima, Temperatur, Luftfeuchtigkeit etc.), auf der anderen Seite sind sie den Herausforderungen durch andere Lebewesen (konkurrierende Artgenossen, Räuber, Parasiten und, wie wir soeben gesehen haben, manchmal auch das jeweils andere Geschlecht) ausgesetzt. Im allgemeinen wird das Wachstum einer Population mit ihrer Größe oder Dichte durch ökologische Faktoren gehemmt, weil die Ressourcen immer knapper und die Konkurrenten unter den Artgenossen immer mehr werden und weil die Populationsdichte die Ausbreitung von Krankheiten fördert. Erreicht beispielsweise eine Kolonie von Brutvögeln eine Individuenzahl, die die verfügbaren Brutplätze übersteigt, dann besteht die natürliche Reaktion in einer Reduzierung der Populationsgröße.

Die potentiell unbegrenzte Reproduktion der Lebewesen (Darwin, S. 25) ist in der Natur bei keiner Art langfristig realisierbar. Lebewesen werden von verschiedenen Umweltfaktoren in ihrer Vermehrung behindert. Dürreperioden, strenge Winter, Vulkanausbrüche und andere katastrophale Naturereignisse können ihre Populationen stark dezimieren und die Zeugung von Nachkommen wesentlich hemmen. Letztlich geht es bei jedem Organismus um sein genetisches Überleben, das heißt die möglichst effektive Erzeugung von Jungen und mithin die Ausbreitung der eigenen Gene. Dazu aber benötigt er Ressourcen, vor allem Raum und Nahrung. Verfügbarkeit und Mangel von Ressourcen sind entscheidend für sein genetisches Überleben. Es ist eine im Grunde genommen triviale Einsicht, daß daher unter den Angehörigen jeder Art ein mitunter erbitterter Wettbewerb ums Überleben stattfindet. Schließlich ist die Natur kein Schlaraffenland. Neben dem Wettbewerb zwischen den Individuen derselben Art ist aber auch eine Konkurrenz zwischen verschiedenen Arten häufig.

Nun lebt jede Art in ihrer spezifischen *ökologischen Nische*. Damit ist kein bestimmter Platz oder Raum gemeint, sondern die Tatsache, daß verschiedene Arten die gleiche Umwelt auf unterschiedliche Weise nutzen. So werden beispielsweise in einem Wald Baumhöhlen von Dohlen und Staren, nicht aber zum Beispiel von – im selben Wald lebenden – Buchfinken als Brutplätze genutzt. Dohlen und Stare stehen also zumindest während der Brutzeit zueinander in Konkurrenz. Wenn zwei (oder mehrere) Arten in zu vielen wesentlichen Lebensbedürfnissen miteinander im Wettbewerb stehen, dann können sie nicht zusammen existieren *(Konkurrenzausschluß-Prinzip)*. Diese evolutionsbiologisch sehr wichtige Einsicht legt nahe, daß die natürliche Auslese alle Veränderungen einer Art begünstigen wird, die die Konkurrenz anderer Arten im gleichen Lebensraum vermindern. Sieht man sich das Beispiel von Baumhöhlen als Brutplätze näher an, dann erkennt man auch, daß manche Vogelarten das Problem ganz anders gelöst haben als Stare oder Dohlen. Die Spechte, eine mit über 200 rezenten Arten weltweit verbreitete Vogelfamilie, sind nicht auf vorhandene Baumhöhlen angewiesen – sie sind in der Lage, Baumstämme selbst auszuhöhlen. Mit seinem meißelförmigen Schnabel ist ein Specht ein wahrer Künstler auf seinem Gebiet. Zudem können Spechte auf Baumstämmen hervorragend hinauf- und hinunterklettern und finden unter der Baumrinde Nahrung. Man kann also sagen, daß die Spechte das Vorhandensein von Bäumen in ihrer Umwelt optimal nutzen und sich an Bäume hervorragend angepaßt haben. Ähnliches gilt natürlich auch für viele andere Spezies unter ganz anderen Umweltbedingungen. Der Eisbär etwa ist ein Musterbeispiel für die Bewohner der Arktis, er ist geschaffen für ein Leben in Schnee und Eis. Er hat es aber, im Hinblick auf konkurrierende Arten, erheblich leichter als etwa Waldbewohner unter den Vögeln. Kein anderer Vertreter der Familie der Bären steht mit ihm im Wettbewerb, und allen anderen arktischen Säugetieren ist er schon aufgrund seiner Körperkraft weit überlegen (erst der Mensch begann, ihm ernsthafte Schwierigkeiten zu machen).

Wenn verwandte Arten unterschiedliche Lebensräume besetzen, entgehen sie natürlich nicht der innerartlichen Konkurrenz, aber sie sind zumindest frei vom Druck, den andere Arten mit gleichen oder ähnlichen Lebensansprüchen ansonsten auf sie ausüben würden. Feld- und Schneehase sind eng miteinander verwandt, aber sie leben in unterschiedlichen Höhen und kommen sich daher nicht in die Quere. Auch der in Europa beheimatete Rotfuchs kann dem Polarfuchs nichts wegnehmen, und die in der nördlichen Hemisphäre lebenden Wölfe bleiben von den in Afrika verbreiteten Schakalen naturgemäß ebenso unberührt. Wenn verwandte Arten in geographischen Überlappungsgebieten vorkommen, dann unterscheiden sie sich in bestimmten Merkmalen oft erheblich. Wo zum Beispiel zwei Arten der Darwin-Finken (S. 41) dicht nebeneinander leben, unterscheiden sich ihre Schnabelformen recht deutlich voneinander, da sie sich auf verschiedene Formen des Nahrungserwerbs spezialisiert haben. Die natürliche Auslese sorgt also sozusagen dafür, daß der Konkurrenzdruck vermindert wird. Sie fördert die Spezialisierung und Anpassung zum Beispiel an bestimmte Ernährungsweisen. Darin liegt auch einer der Gründe für die große Vielfalt der Arten.

Zu den ökologischen Faktoren im Leben jedes Organismus gehören aber auch Arten, die ihm nach dem Leben trachten. Abgesehen von sehr großen und besonders wehrhaften Arten (zum Beispiel viele Säugetiere, Krokodile, Haie) kann jede Spezies Opfer von Räubern werden. Selbst das genetische Überleben großer Arten ist von Räubern bedroht, weil diese sich ihrer Jungtiere bemächtigen. Mit einer erwachsenen Löwin nimmt es so schnell kein anderes Raubtier auf, aber ein Löwenjunges kann – wenn seine Mutter nicht wachsam genug ist – relativ leicht zur Beute werden. Man darf aber nicht nur einseitig die Bedrängnis von Beutetieren sehen. Die Räuber sind von ihrer Beute stark abhängig, die Verfügbarkeit von Beutetieren bestimmt ihr eigenes genetisches Überleben. Eines von vielen Beispielen bietet die Schnee-Eule, ein imposanter, (über 60 Zentimeter) großer, im Norden verbreiteter Vogel. Sie frißt kleine Nagetiere, vor allem Lemminge, mit denen ihr Schicksal somit eng verbunden ist. Üblicherweise legt sie drei bis vier Eier, in Jahren aber, in denen die Lemminge reproduktiv sehr erfolgreich sind, wird ihr Gelege doppelt so groß. Wird aber die Population der Lemminge zu groß, dann bricht sie aus den erwähnten Gründen zusammen, das beeinflußt wieder die Existenz der Schnee-Eule. Viele Schnee-Eulen wandern dann, existenzbedroht, in südlichere Gebiete ab, in denen sie aber ziemlich rasch zugrunde gehen. In ihrer eigentlichen Heimat geht die Population der Schnee-Eule damit aber wieder so zurück, daß ihr Überleben mit einer geringen Population der Lemminge gesichert ist.

Dieses Beispiel zeigt also sehr schön, wie die Dynamik von Populationen verschiedener Arten wechselseitig beeinflußt wird und wie diese voneinander abhängen können. Damit wird auch einsichtig, daß die Veränderung von Arten im Laufe der Zeit generell durch entsprechende Veränderungen anderer Arten beeinflußt werden kann.

Von mehreren Arten und auch ganzen Organismengruppen ist eine *Koevolution* bekannt, das heißt eine Evolution, die sich in gegenseitiger Abhängigkeit der Veränderungen bei verschiedenen Organismenarten oder -gruppen abspielt. So fällt – wie aus Fossilfunden hervorgeht – die Entfaltung der Arten bei Angiospermen (Blütenpflanzen im engeren Sinn) vor über 100 Millionen Jahren mit einer Zunahme der Artenvielfalt bei jenen Insektengruppen zusammen, die ökologisch mit diesen Pflanzen eng verbunden sind (Schmetterlinge, Wespen, Bienen etc.). Die Evolution der Insekten war für die Blütenpflanzen im Hinblick auf die Bestäubung bedeutsam, und umgekehrt stellen die Blütenpflanzen (mit Nektar und Pollen) eine Nahrungsgrundlage für Insekten dar. In ihrer engen Beziehung zueinander haben es beide Organismengruppen zu einer sehr großen Artenvielfalt gebracht.

Äußere und innere Selektion

Nun könnte durchaus der Eindruck entstehen, daß die Lebewesen von ihrer Außenwelt gesteuert werden und sich an diese auf Gedeih und Verderb anpassen müssen, daß mithin die Selektion ein ausschließlich durch die Außenwelt definierter Evolutionsfaktor ist. Darüber ist in der Evolutionsbiologie viel gestritten worden. Einerseits erscheint es völlig klar und einsichtig, daß die Lebewesen an ihre Umwelt angepaßt sind. Warum stirbt ein Fisch, wenn man ihn aus dem Wasser nimmt? Weil er an dieses Medium angepaßt ist, nur im Wasser leben kann. Andererseits können wir aber beobachten, daß Lebewesen *aktive* Systeme sind, die in ihre Umwelt eingreifen und nicht einfach (passiv) darauf warten, was geschehen wird, um sich dann den neuen Gegebenheiten durch Anpassung zu fügen oder eliminiert zu werden. Ein Hund zieht sich bei großer Hitze in den Schatten zurück und verkriecht sich bei kaltem Wetter buchstäblich hinter dem Ofen. Jedes Tier versucht, unangenehmen Situationen auszuweichen und bessere für sich zu finden. Die spezifischen Aktivitäten von Tieren können sich langfristig auch in evolutiven Veränderungen niederschlagen.

Nicht nur der Mensch greift in seine natürliche Umgebung ein, auch andere Arten tun das (wenngleich in viel geringerem Ausmaß und mit viel kleineren Auswirkungen).

Irgendwelche „geheimen Kräfte" in der Evolution brauchen wir, wie schon gesagt (S. 48), selbstverständlich nicht anzunehmen. Der französische Philosoph Henri Bergson (1859–1941) postulierte für die Natur, für die Lebewesen einen „Lebensimpuls". Ihm konterte der englische Biologe Julian Huxley (1887–1975), einer der Begründer der Synthetischen Theorie (S. 60), mit der Bemerkung, daß die Annahme eines solchen Impulses Lebewesen genauso gut erklären würde, wie die Annahme eines „Lokomotiv-Impulses" die Arbeitsweise einer Lokomotive zu erklären vermag – also gar nicht. Huxley ist natürlich zuzustimmen, dennoch kann man die Annahme „innerer Kräfte" in der Evolution nicht grundsätzlich als absurd abtun. Lebewesen sind nicht nur aktive Systeme, sie sind auch sehr komplex organisiert und verfügen über ein geordnetes „Binnenmilieu". Das bedeutet: Alle ihre Strukturen sind aufeinander abgestimmt und wirken zusammen. Herz, Lunge, Leber, Niere und andere Organe erfüllen ihre jeweils spezifischen Funktionen, beeinflussen einander aber auch gegenseitig. Das Konstruktions- und Funktionsgefüge eines Lebewesens bildet eine Ganzheit. Ein einzelnes Organ kann sich nicht beliebig verändern, es steht im engen Zusammenhang mit anderen Organen. Kurzum, jeder Organismus verfügt über die schon von dem Physiologen Wilhelm Roux (1850–1924) charakterisierte *Selbstregulation*, Steuerungs- und Wechselwirkungsmechanismen, die durch die Außenwelt nicht hinreichend definiert sind. Seine einzelnen Organe bilden sozusagen füreinander Umwelt, und die Lebensfähigkeit eines Organismus wird somit nicht erst durch seine Außenwelt getestet. Man muß sich dabei vor allem von der durch unsere Alltagssprache suggerierten Vorstellung verabschieden, wonach Organismus und Umwelt voneinander getrennte Kategorien sind, wobei die eine (die Umwelt) auf die andere (den Organismus) einwirkt. Die vielfältigen Wechselbeziehungen zwischen Lebewesen und Umwelt muß man sich sehr viel elementarer vorstellen. Es gibt selbstverständlich kein Lebewesen ohne Umwelt, aber es kann auch keine *Um*welt ohne Lebewesen geben.

Mit dem Ausdruck *innere Selektion* wird der Umstand bezeichnet, daß Lebewesen an ihrer Evolution durchaus mitwirken, ihre eigene Evolution mitbestimmen. In dem Maße, in dem die einzelnen Struktur- und Funktionsglieder eines Lebewesens aufeinander bezogen sind und sich gegenseitig kontrollieren, „kanalisieren" sie schon bestimmte weitere Entwicklungswege, noch bevor sie der Selektion durch die Außenwelt ausgesetzt werden. Anders gesagt: Bestimmte Veränderungen läßt das Konstruktions- und Funktionsgefüge eines Lebewesens gar nicht erst zu, sie können nicht durch Umweltanpassung erzwungen werden. So wäre es etwa für Nashörner vielleicht günstig, wenn sie Flügel entwickeln und sich in der Luft fortbewegen könnten. Aber das erlaubt ihre „Konstruktion" nicht. Im Zusammenhang mit dem Prinzip der Irreversibilität (S. 46) läßt sich verdeutlichen, daß jede einmal etablierte Konstruktion – das kann etwa ein Flügel sein, ein inneres Organ, ein Skelettsystem – in der Regel zu einer Einengung der „evolutiven Bandbreite" (des Spielraums von Evolutionsmöglichkeiten) führt. Die Säugetiere, die sekundär zum Leben im Wasser übergegangen sind, haben sich weder in Fische rückverwandelt, noch waren sie imstande, ein völlig neues Atmungssystem zu entwickeln (sie sind Lungenatmer geblieben). Für die künftige Evolution der Nashörner wäre – falls sie der Mensch nicht zuvor ausrottet – vielleicht eine Reduzierung oder auch Erhöhung ihres Körpergewichts zu erwarten oder eventuell eine Veränderung der Größe ihrer „Hörner" – beides liegt innerhalb ihrer evolutiven Bandbreite –, aber eben nicht die Entwicklung von Flügeln.

Auch aus dem Bereich des Verhaltens lassen sich hierzu Beispiele anführen. So haben bekanntlich die Igel das Aufstellen ihres Stachelkleids als eine Verteidigungsstrategie entwickelt, die sich im allgemeinen auch gut bewährt. Gelegentlich gelingt es zwar einem Raubtier dennoch, einen Igel zu töten, aber nicht nur bestätigen Ausnahmen die Regel, sondern in der Evolution gibt es nichts, was in allen Fällen funktioniert. Nun gehören zur Umwelt der Igel inzwischen nicht nur Hunde, Füchse und Marder, sondern auch Autos. Für den Igel ist es völlig „normal", auch vor einem herannahenden Auto die Stacheln aufzustellen – schließlich hat sich diese Strategie gegen Feinde aller Art in vielen Millionen Jahren bewährt. Unter den neuen Gegebenheiten wäre rasche Flucht für das Tier lebensrettend. Das ist ihm durch seinen evolutiven Status verwehrt.

Es gibt also Entwicklungszwänge, die nicht auf äußeren Ursachen beruhen, sondern in den Organismen selbst liegen. Vor allem komplexe Strukturen können nur dann funktionieren, wenn sich ihre verschiedenen Teile auch gemeinsam, sozusagen aufeinander abgestimmt, entwickelt haben.

Auch unter dem Gesichtspunkt einer Theorie der inneren Auslese spielt die Anpassung eine bedeutende Rolle, aber wie – und ob – sich Organismen an eine gegebene Umwelt anpassen, wird eben nicht durch ihre Umwelt bestimmt. Die *Anpassungsfähigkeit* ist allein Sache der Lebewesen. Vögel, die in kalten Regionen leben, verfügen über ein dichteres Untergefieder als ihre Verwandten in wärmeren Regionen. Man kann zwar sagen, daß sie an die niedrigen Außentemperaturen angepaßt sind. Die Voraussetzung dieser Anpassung war aber ihre Fähigkeit, ein dichtes Untergefieder zu entwickeln. Das wäre nicht jeder beliebigen Vogelart gelungen. Würde man einen tropischen Papagei in die Arktis umsiedeln, dann wäre er rettungslos verloren. Wenig spezialisierte Arten haben natürlich größere Chancen, durch Anpassung an veränderte Umweltbedingungen zu überleben, spezialisierte Arten haben diese Möglichkeit nicht. Auf der Ebene der Individuen jeder beliebigen Art läßt sich die innere Selektion besonders deutlich machen. Durch eine Mutation oder andere „Ereignisse", die die Entwicklung eines Individuums in eine bestimmte Richtung lenken – bei einem Vogel etwa die Einbuße des einen oder beider Flügel –, entsteht eine nicht lebensfähige Variante. Ein flügelloser Mauersegler kann vielleicht für einige Zeit dahindümpeln, aber lange kann er sich nicht am Leben halten. Er findet nur mit Mühe Beute, wird jedoch seinerseits sehr schnell willkommene Beute von Räubern. Allerdings kommen Mauersegler mit derartigen Defekten selten zur Welt. Die innere Selektion eliminiert in der Regel solche Varianten, die von vornherein nicht lebensfähig sind. Viele Varianten scheiden bereits im Embryonalstadium aus und kommen nie in die Lage, von der Umwelt auf ihre Tauglichkeit geprüft zu werden. Diesen Test würden sie ohnehin nicht bestehen. Die innere Selektion bereitet also das Vorfeld für die Umweltselektion, innere und äußere Selektion stehen nicht im Widerspruch zueinander, sondern sie sind einander ergänzende Faktoren im Evolutionsgeschehen.

Die Entstehung von Bauplänen

Eine schrittweise oder auch relativ schnelle Umbildung eines bestimmten Merkmals einer Art – zum Beispiel der Färbung eines Schmetterlingsflügels oder der Länge der Krallen einer Raubkatze – und selbst der (aus solchen „Merkmalsverschiebungen“ hervorgehende) Artenwandel sind relativ leicht nachvollziehbar. Verzwickter wird die Situation allerdings bei der Frage, wie ein Bauplan in der Evolution entstehen kann, der sich von anderen Bauplänen ganz fundamental unterscheidet. Hier geht es um die zentrale Frage der Makroevolution (S. 36). Wenige Fragen haben die Evolutionsbiologen so entzweit wie diese.

Unter einem Bauplan versteht man die Summe gemeinsamer, abstammungsgleicher Merkmale einer Pflanzen- oder Tiergruppe. Nehmen wir als Beispiel die Klasse der Vögel, eine recht homogene Klasse, deren Vertreter jedermann schon bei oberflächlicher Beobachtung von Vertretern anderer Klassen zu unterscheiden vermag. Sämtliche Vogelarten sind durch ein Federkleid gekennzeichnet. Das ist ein exklusives Merkmal – es kommt bei keinem anderen Tier vor. Auch die zu Flugorganen umgewandelten Vordergliedmaßen sind in ihrer spezifischen Form einmalig. (Die Strauße haben sich allerdings als Laufvögel spezialisiert und sind ebenso flugunfähig wie die Pinguine, deren Vorderextremitäten zu Ruderorganen umgestaltet sind.) Vögel sind aus einem Zeitraum von etwa

Abb. 11: Skelettrekonstruktion eines *Archaeopteryx* (links) im Vergleich zum Skelett eines heutigen Vogels (Taube, rechts). Man beachte vor allem die Übereinstimmungen beim Gabelbein (2), beim Oberarm (6) und beim Schambein (12). Die übrigen Skelettelemente sind hier nicht benannt. (Aus B. P. Kremer, Der Urvogel Archaeopteryx, Naturwissenschaftliche Rundschau 39, 1986)

150 Millionen Jahren fossil nachgewiesen. An der Basis ihrer Evolution steht der berühmte Urvogel *Archaeopteryx*, der noch Reptilienmerkmale trug (zum Beispiel mit Zähnen besetzte Kiefer), aber im Hinblick auf sein Federkleid und skelettanatomische Detailmerkmale (Abb. 11) eine evolutive Neuheit darstellte. Er ist ein schönes Beispiel für die *Mosaikevolution*, womit Evolutionsabläufe gemeint sind, bei denen einige Strukturen oder Organe eine starke Umgestaltung erfahren, andere wiederum weitgehend unverändert bleiben (ein Mosaik von alten und neuen Merkmalen). Zweifelsohne stammen die Vögel von Reptilien ab, ihr Bauplan unterscheidet sich aber von dem der Reptilien in wichtigen Merkmalen. Mit einem Bauplan ist natürlich nicht nur eine Klasse unter den

Abb. 12: Oben: Saurier der Gattung *Compsognathus* aus der Jura-Periode. War diese oder eine ähnliche Gattung der unmittelbare Vorläufer der Vögel? Das Grundproblem besteht darin, wie aus Reptilienschuppen Federn entstanden. Unten: Spekulative Annahme eines Reptils, das auf Bäume klettern und sich von dort im Gleitflug fortbewegen konnte. (Kombiniert nach verschiedenen Autoren)

systematischen Kategorien (S. 11) gemeint. Innerhalb der Vogel-Klasse stellt beispielsweise die Ordnung der Pinguine ihren eigenen speziellen Bauplan dar, und die Vögel ihrerseits sind sozusagen nur ein spezifischer Ausdruck des viel umfassenderen Bauplans der Wirbeltiere innerhalb der Rückensaitentiere (S. 91).

Welche Lösungen gibt es für das Problem der Entstehung neuer Baupläne? Großmutationen (S. 36) scheiden aus. Es ist keine Mutation denkbar, die einen Nachkommen eines Reptils in ein gefiedertes und flugfähiges Tier verwandelt, welches sich dann seinerseits (mit wem?) so erfolgreich paart, daß sich seine eigenen Nachkommen schließlich in eine artenreiche Tierklasse differenzieren. Daß eine Serie von Mutationen bei bestimmten Reptilien eine erfolgreiche Neukonstruktion zum Vogel-Bauplan bewirkt, ist fast ebenso unmöglich. Mutationen sind nicht zielgerichtet und aufeinanderfolgende zufällige Erbänderungen mit einer ständigen Verstärkung immer gleicher Merkmale praktisch ausgeschlossen. Für die Entstehung des Bauplans der Vögel – und selbstverständlich aller anderen Baupläne – müssen daher die erwähnten, in den Organismen selbst liegenden Entwicklungszwänge maßgeblich verantwortlich sein. Dabei ist wichtig, daß Merkmale und Funktionen miteinander gekoppelt evolvieren. Die Entwicklung von Federn war wahrscheinlich mit der Flugfähigkeit direkt verbunden. Sicher, die Flugfähigkeit als solche ist nicht von Federn abhängig, wie unter den Wirbeltieren die Flugsaurier bewiesen haben und die Fledermäuse heute noch beweisen. Allerdings haben weder die flugfähigen Reptilien noch die Fledermäuse eine so große Artenvielfalt entwickelt wie die Vögel.

Grundsätzlich sind für den Erwerb der Flugfähigkeit bei Wirbeltieren eine relative Leichtigkeit des Skeletts und die Möglichkeit des Auf- und Abbewegens der Vordergliedmaßen erforderlich. Diese Bedingungen wurden bereits von einigen Sauriern im Prinzip erfüllt (Abb. 12). Aber die Oberfläche ihrer Vordergliedmaßen war zu klein, ihre Auf- und Abbewegung ermöglichte kein Verweilen in der Luft. Die Federn, das entscheidend neue Merkmal bei *Archaeopteryx*, könnten das Resultat einer Selektion für größere Oberfläche gewesen sein. Fortan könnte die Entwicklung dieses Merkmals von der Selektion verstärkt worden sein, und im weiteren Verlauf der Evolution der Vögel könnte es sozusagen einen Druck von innen gegeben haben, der ein Abweichen von der Feder nicht mehr zuließ. Der Bauplan der Vögel wäre durch Federn mithin ebenso „bebürdet“ wie der Bauplan der Säugetiere durch Haare oder der der Reptilien durch stark verhornte Schuppen.

Noch stärker zeigt sich diese Bürde im Gesamtbauplan der Wirbeltiere. Alle Klassen und Ordnungen der Wirbeltiere sind durch ein Innenskelett gekennzeichnet: ein Kopfskelett, eine Wirbelsäule und vier Extremitäten. Von diesem Grundplan, der sich vor etwa 500 Millionen Jahren herausgebildet hat, ist keine Wirbeltierart entscheidend abgewichen. In seinen Details hat dieser Bauplan jedoch mannigfaltige Abwandlungen erfahren. Insbesondere haben sich die Extremitäten sehr verschieden entwickelt – Flossen, Flügel, Beine, „Schaufeln" (Vordergliedmaßen der Maulwürfe) etc. – und sind nur bei manchen Arten (vor allem Schlangen) stark reduziert worden (S. 54) oder verschwunden. Der jeweilige „Unter-Bauplan" der Wirbeltiere spiegelt einerseits eine spezifische Anpassung an bestimmte Umwelterfordernisse, andererseits aber auch ein ebenso spezifisches Zusammenwirken innerer Entwicklungsbedingungen. So erzwingen zum Beispiel Körpergröße und Körpergewicht von Säugetieren wie Elefanten, Nashörnern und Flußpferden einen massiven Bau der Gliedmaßen, der umgekehrt wiederum die Voraussetzung für ein entsprechendes Körpergewicht ist. Elefanten mit den grazilen Beinen von Rehen sind nun einmal nicht denkbar.

Zufall und Plan in der Evolution

Die angesprochenen Probleme führen letztlich zu einer auch philosophisch bedeutsamen Frage: Welche Rolle spielen Zufall und Plan in unserer Welt? Der Mensch fühlt sich in einer geplanten, berechenbaren und harmonisch geordneten Welt im allgemeinen besser als in einer Welt voller Überraschungen und Zufälle. Andererseits wissen wir aus eigener Erfahrung, daß unvorhergesehene Ereignisse, Überraschungen nicht immer unangenehm sein müssen; sie können uns neue Möglichkeiten und Chancen bieten. Leider ist auch das Gegenteil wahr. Mitunter geschehen Dinge, die gegen jede Statistik und Wahrscheinlichkeit sprechen. Vor einigen Jahren entgleiste in Wien eine Straßenbahn in einer Kurve, fuhr gegen ein Geldinstitut, durchbrach dessen Mauer und tötete einen neunzehnjährigen Bankangestellten, der erst wenige Tage zuvor angestellt worden war. Wie groß ist, objektiv gesehen, die Wahrscheinlichkeit, daß eine bei einer Bank beschäftigte Person schon einige Tage nach Beginn ihrer Arbeit *in* der Bank von einer Straßenbahn getötet wird? Praktisch Null. Unmöglich war dieser Fall aber auch nicht – schließlich ist er ja eingetroffen. Wenn wir alle einzelnen Schritte analysieren, die zum tragischen Tod dieses jungen Mannes geführt haben, kommen wir sogar zu dem Ergebnis, daß sein Tod unausweichlich war. Wie das? Eine überhöhte Geschwindigkeit der Straßenbahn in einer Kurve mußte diese aufgrund der Fliehkraft aus den Gleisen werfen; da sich direkt gegenüber das Geldinstitut befand, konnte sich die Straßenbahn (mit nach wie vor relativ hoher Geschwindigkeit) nur in diese Richtung bewegen und mußte unter den gegebenen Umständen die Hausmauer durchbrechen; der junge Mann, der sich gerade in unmittelbarer Nähe der berstenden Mauer aufhielt, hatte keine Chance, der plötzlich auf ihn zukommenden Gefahr zu entrinnen. Ein dummer Zufall für den Mann, gewiß; hätte er nur ein paar Meter weiter gestanden oder gesessen, dann allerdings wäre es ein für ihn – in dieser ganzen unglücklichen Situation – glücklicher Zufall gewesen.

Was hat das Ganze mit Evolution zu tun? Auch in der Evolution spielen sich sehr unwahrscheinliche Dinge ab. Zur Zeit der ersten lebenden Systeme vor über drei Milliarden Jahren hätte ein sehr intelligentes, aber in der Evolutionsbiologie ahnungsloses außerirdisches Wesen unter keinen Umständen die Entwicklung der Organismen und das Auftreten ihrer vielfältigen Arten voraussehen können; nichts sprach dafür, daß aus einzelligen Lebewesen – nach unzähligen Schritten – *Homo sapiens* entstehen und nun sogar über seine eigene Herkunft kritisch nachdenken würde. Aber wir müssen keine fiktiven Außerirdischen bemühen. Die Wahrscheinlichkeit, daß sich aus Bakterien oder diesen ähnlichen Organismen auch nur ein Regenwurm entwickelt, ist gleich Null. Da aber nicht zu leugnen ist, daß sich das Leben auf der Erde aus so bescheidenen Anfängen zu seiner heutigen Komplexität und Vielfalt entwikkelt hat, liegt die Frage auf der Hand, wie denn die Evolution das bewerkstelligen konnte. Kaum rein zufällig, so wie ja auch, um einen beliebten Vergleich heranzuziehen, keines der großen Werke der Weltliteratur zufällig herauskäme, würde man einen Sack mit unzähligen Buchstaben auf den Fußboden leeren. Nun beruht Evolution zwar auf der zufälligen Erzeugung genetischer Varianten durch Mutation und Neukombination der Gene und auf der natürlichen Auslese, die – wie Dawkins' blinder Uhrmacher (S. 59) – konzeptlos operiert, doch bleibt die Frage, wie aus diesem „Chaos" ein komplexes Lebewesen entstehen soll. Dawkins gibt dazu aber ein gut nachvollziehbares Beispiel.

Spaziert man an einem steinigen Strand, so kann man sehen, daß die Kiesel keineswegs in zufälliger Ordnung herumliegen. Die kleinen Steine liegen in der Regel in anderen Streifen längs des Strandes als die größeren. Die Kiesel sind also offenbar aussortiert und geordnet worden. War da ein planender Geist am Werk? Nein: ihre Ordnung ist eine Folge der Einwirkung der Meereswellen, also einer blinden physikalischen Kraft, hinter der nicht die Absicht steht, Steine zu ordnen. Um etwas zu ordnen, bedarf es keiner „Absicht". Auch unser Planetensystem ist geordnet, und die Planetenbewegungen erfolgen harmonisch. Die Kenntnis astrophysikalischer Prinzipien reicht aus, um diese Ordnung zu deuten. In der Evolution des Lebens ist eines entscheidend: Zwar entstehen die genetischen Varianten zufällig und werden mittels der Selektion absichtslos organisiert, aber das Überleben bestimmter Varianten ist kein Zufall. Die Rahmenbedingungen, unter denen Organismen jeweils leben, sind stets Wettbewerbsbedingungen und schaffen schon von vornherein einigermaßen klare Verhältnisse: Haie ohne Flossen, flügellose Vögel oder Igel, die ihr Stachelkleid nicht aufstellen können, scheiden als wettbewerbsfähige Varianten aus. Physikalische Gesetzmäßigkeiten wie Gravitation, Wasserströmung, Luftbewegung und andere definieren fundamentale Rahmenbedingungen, denen sich kein Lebewesen entziehen kann. Die Existenz konkurrierender Individuen und Arten trägt dann noch das Ihre dazu bei, daß in der Evolution zwar sehr vieles, aber eben doch nicht alles möglich ist. Die Hauptfrage in diesem Zusammenhang ist ja: Wie können Zufälle und ein „blinder Konstrukteur" irgend etwas Zweckvolles hervorbringen? Sie *können*, wenn man sich folgendes vor Augen führt:

1. Jede Änderung in der Evolution besteht aus einer Reihe von Schritten. Der erste Schritt besteht lediglich in der Erzeugung von genetischer Vielfalt. Dabei regiert der reine Zufall. Er sorgt aber dafür, daß – durch Mutation und genetische Rekombination – das Material für die Evolution vielfältig bleibt.
2. Die zufällig entstandenen genetischen Varianten der Lebewesen sind nicht nur einfach voneinander verschieden, sondern sie unterscheiden sich in ihren Tauglichkeitsgraden. Sie sind im Hinblick auf ihren eigenen Fortpflanzungserfolg sehr unterschiedlich ausgerüstet. Die Selektion begünstigt dabei, ohne irgendeinem Konzept zu folgen, einfach alles, was die Wahrscheinlichkeit des genetischen Überlebens erhöht.
3. Außenweltfaktoren und die den Organismen jeweils eigenen Konstruktions- und Funktionsbedingungen engen aber die Möglichkeit einer sozusagen schrankenlosen Entwicklung ein; in ihrer komplexen Wechselwirkung lenken sie die Entwicklung in bestimmte Richtungen.

Die Evolution wird oft zutreffend mit einem Spiel verglichen. So wie der Ausgang eines Spiels ist aber auch die Evolution „offen“. Und so wie bei jedem Spiel gelten auch für die Evolution Regeln. Das sind zunächst einmal die physikalischen Grundgesetze, die nicht zu unterlaufen sind.

Die Entstehung jedes neuen Bauplans bedeutet jedoch bereits weitere Regeln. Organismen sind wie Gebäude, die nur deshalb nicht einstürzen, weil alle ihre Teile sorgfältig miteinander verknüpft sind. Mit der Etablierung jedes Bauplans treten also auch Gesetzmäßigkeiten der „Architektur“ in Kraft. Damit schließlich kann, was auf Zufällen beruht, planvoll geordnet werden. Die Frage „Zufall *oder* Plan?“ ist falsch gestellt, weil Evolution beides zugleich ist. Nichts in der Evolution war von Anfang an vorhergesehen, aber die Evolution schafft mit jedem ihrer „Schritte“ neue Gesetzlichkeiten, was dem gesamten (Evolutions-)Prozeß den Charakter der „Selbstplanung“ verleiht. Die Evolution ist wie ein Strom, dessen

Verlauf über viele Kilometer keiner vorgegebenen Richtung folgt, sondern sich seine (oft sehr verschlungenen!) Wege selbst sucht. Kein Strom aber kann bergauf fließen – und so ist eben auch in der Evolution zwar vieles, aber doch nicht alles möglich. Der Zufall kann nicht ausufern, er wird von Naturgesetzen gesteuert. Das ist schließlich der Grund dafür, daß es fliegende Pferde, Zyklopen oder mehrere Meter große Spinnen nur in Märchen oder Horrorgeschichten geben kann.

Entstehung und Entwicklungsgeschichte des Lebens

Während dem Menschen der Evolutionsgedanke die längste Zeit völlig fremd war, belehrte ihn eine einfache Beobachtung, daß es einerseits unbelebte und andererseits belebte Objekte gibt. Die Vorstellungen darüber, wie einzelne Lebewesen in die Welt kommen, haben oft abenteuerliche Formen angenommen. Eine über viele Jahrhunderte verbreitete Auffassung war die von der spontanen Entstehung einzelner Organismen aus toter Materie (Urzeugung). Der griechische Philosoph und Astronom Anaxagoras (500–428 v. Chr.) nahm an, daß Lebewesen aus winzigen Samen entstehen, die mit dem Regen auf die Erde fallen. Im Mittelalter berichteten Orientreisende von Bäumen, an denen Tiere wie Pflanzen heranreifen würden, zum Beispiel „Entenbäume" (Abb. 13). Erst später hat man sich von solchen Vorstellungen gelöst. Mit dem Evolutionsgedanken wurden sie völlig absurd. Die Idee, daß sich Organis-

Abb. 13: Mittelalterliche Vorstellungen eines „Entenbaums", an dem Enten heranreifen und im fertigen Zustand ins Wasser fallen würden (links), und der Entwicklung einer Ente aus einer Entenmuschel (rechts).

menarten in langen Zeiträumen auseinander entwickelt haben, beantwortete aber noch nicht die Frage, wie Leben auf der Erde überhaupt entstand. Darüber wurden viele phantastische Gedanken gesponnen. Der schwedische Chemiker Svante Arrhenius (1859–1927) vertrat die Ansicht, das Leben sei aus dem Weltall auf die Erde eingewandert. Eine recht bequeme Antwort auf die Frage nach dem Ursprung des Lebens auf der Erde, die aber die uns eigentlich interessierende Frage wiederum unbeantwortet läßt: Wie entstand das Leben überhaupt?

Heute brauchen wir dazu keine „außerirdischen Lebenskeime" mehr anzunehmen. Die Entstehung von Lebewesen auf unserem Planeten läßt sich – bei aller gebotenen Vorsicht bei der Lösung eines so schwierigen Problems – ganz gut nachvollziehen. Und auch der weitere Verlauf der Evolution kann heute zumindest in groben Zügen (vieler offenen Fragen eingedenk) rekonstruiert werden. Wir können hier aber nur einige der wichtigsten Etappen der Evolution etwas näher betrachten.

Leben aus unbelebter Materie

Drei Thesen bilden heute den allgemeinen Konsens unter Naturwissenschaftlern: Erstens war das Leben nicht „schon immer" da, sondern ist einmal entstanden; zweitens entstand es aus unbelebter Materie; drittens sind die Prozesse, die unbelebte in lebende Materie verwandelt haben, keiner geheimen Kraft zuzuschreiben, sondern sind prinzipiell (naturwissenschaftlich) erklärbar. Schon vor fünfzig Jahren führte der amerikanische Biochemiker Stanley L. Miller dazu entscheidende Experimente durch. In einer einfachen Glasapparatur erzeugte er eine künstliche „Uratmosphäre" aus Ammoniak, Wasserstoff und Methan und setzte dieses Gemisch elektrischen Funken aus. Das verblüffende Ergebnis war, daß aus anorganischen Substanzen organische Verbindungen entstanden. Das waren natürlich noch keine Lebewesen, aber der Nachweis, daß zumindest organische Verbindungen auf abiotischem Wege entstehen können, war von größter Bedeutung. Damit mußte die Entstehung des Lebens nicht länger ein Rätsel bleiben, die (chemischen) Vorgänge, die einst den Ursprung des Lebens bewirkten, wurden prinzipiell nachvollziehbar.

Leben kann – aus heutiger Sicht – als Folge materieller *Selbstorganisation* betrachtet werden. Dabei ist es wichtig, sich zu vergegenwärtigen, daß Lebewesen Systeme sind, die sich durch die Eigenschaft der *Replikation* (Vermehrung) ausweisen und dabei stets *Information* weitergeben. Anfang der siebziger Jahre des letzten Jahrhunderts konnten dabei Manfred Eigen und seine Mitarbeiter auch experimentell nachweisen, daß die Materie unter ganz bestimmten Rand- und Rahmenbedingungen die Tendenz zeigt, selbstreplikative (sich selbst vermehrende) Systeme hervorzubringen. Außerdem wurde dabei deutlich, daß bei Vorliegen unterschiedlicher materieller Strukturen (Moleküle) stets eine Selektion erfolgt und daß eine spezifische Verknüpfung solcher Strukturen bereits die Minimalbedingungen für Leben erfüllt.

Die chemische Beschaffenheit der Lebewesen ist heute gut bekannt. Die zwei wichtigsten chemischen Grundbausteine des Lebens sind die folgenden:

- *Proteine* oder *Eiweiße* – molekulare Bestandteile der Zelle, die ihrerseits aus kleineren Bestandteilen, den *Aminosäuren*, bestehen und als chemische Grundlage für den Bau und die Funktion eines Lebewesens verantwortlich sind.
- *Nukleinsäuren* – enthalten die „Bauanleitungen" des Lebens, die genetische Information, die von einer zur anderen Generation weitergegeben wird; molekularer Träger der Erbinformation ist die DNS (Desoxyribonukleinsäure), sie enthält das „genetische Alphabet".

Die der Materie zukommenden Eigenschaften der Selbstorganisation und Selektion waren Voraussetzung für die Bildung dieser komplexen molekularen Strukturen. Die Verknüpfung von Proteinen und Nukleinsäuren (Funktions- und Informationsträgern) war also die Grundbedingung für die Entstehung des Lebens auf der Erde (Abb. 14). Eine solche (zyklische) Verknüpfung stellt zwar noch kein Lebewesen dar, enthält

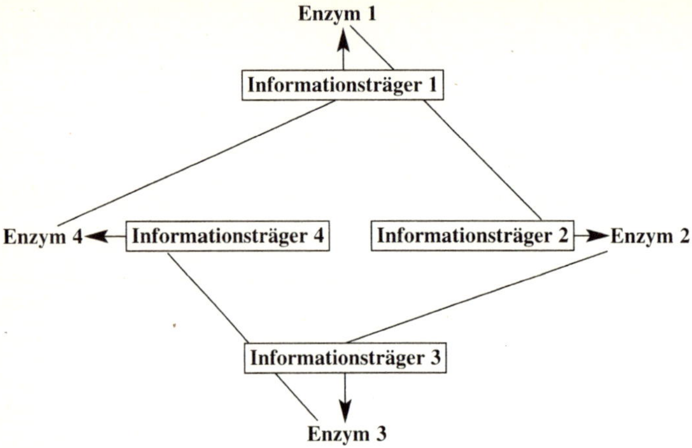

Abb 14: Vereinfachtes Modell eines sogenannten Hyperzyklus. Informationsträger sind miteinander verknüpft und verknüpfen sich mit Enzymen (Stoffwechselbeschleunigern). Damit entsteht eine neue Organisationsform, die sozusagen die Minimalbedingungen für lebende Systeme enthält.

aber alle notwendigen Vorbedingungen für das Auftreten lebender Systeme, da sie eine sich selbst reproduzierende Einheit bildet und garantiert, daß ein bestimmtes Ausmaß an Information konserviert und auf weitere Generationen übertragen wird. Allmählich bildeten sich Molekülgesellschaften, die zu komplexeren Systemen führten, welche dann schon als Lebewesen zu bezeichnen sind.

Die Entstehung des Lebens auf der Erde läßt sich aus einem „Wettbewerb der Moleküle" ableiten. Schon auf diesem Niveau müssen neben dem bloßen Zufall Systemzwänge wirksam gewesen sein. Hätten sich völlig wahllos irgendwelche (chemischen) Substanzen gebildet, dann wäre es nie zur Entstehung des Lebens im engeren Sinn gekommen. Natürlich eignete sich die Erde am Anfang nicht für Lebewesen. Auf einem „feurigen Ball" kann kein Lebewesen gedeihen. Aber innerhalb der ersten Jahrmilliarde nach ihrer Entstehung kühlte sie sich ab. Auf der „Urerde" gab es noch keinen freien Sauerstoff. Dieser ist im wesentlichen ein Produkt der Aktivitäten von Lebewesen. Eine geringe Menge davon könnte aber durch ultraviolette Strahlung der Sonne entstanden sein, weil ultraviolettes Licht Wasserdampf in Wasserstoff, Sauerstoff und Ozon zerlegt. Durch ultraviolette Strahlung bildeten sich verschiedene organische Stoffe (Aminosäuren, Fettsäuren, Zucker etc.), deren Lösung oft als „Ursuppe" bezeichnet wird. In dieser Phase, die wir heute als *präbiotische Evolution* charakterisieren, wurden Kohlenstoffverbindungen erzeugt, die für Lebewesen unabdingbar sind. (Kohlenstoff hat die Eigenschaft, beliebige Verbindungen mit sich selbst einzugehen.) In der Ursuppe reagierten die Stoffe auf verschiedene Weise miteinander zu „Aggregaten", welche membranumschlossene Einheiten (Reaktionseinheiten) darstellten, auf deren Basis sich weitere, komplexere Molekularstrukturen bilden konnten: Proteine und Nukleinsäuren. Mit der Verknüpfung von Proteinen und Nukleinsäuren entstand der genetische Code, der grundlegende Mechanismus der Speicherung und Weitergabe genetischer Information, der vor fünfzig Jahren von James Watson und Francis Crick entschlüsselt wurde (eine der fundamentalen Entdeckungen der Biologie). Dieser Mechanismus hat sich seit fast vier Milliarden Jahren bewährt (S. 39). Die Entwicklung jedes einzelnen Lebewesens bedeutet nichts anderes als die Decodierung eines Erbprogramms nach diesem Mechanismus, das heißt die Übersetzung des Erbprogramms in das sich entwickelnde Lebewesen – ganz gleich, ob es sich dabei um einen Regenwurm, ein Huhn, einen Elefanten oder einen Menschen handelt. Es ist erstaunlich, daß auf dieser Basis so viele verschiedene Arten entstanden sind und ein einheitliches Prinzip im Mikrobereich so viele Abwandlungen im Makrobereich ermöglicht hat.

Die Annahme, daß Leben auf der Erde entstehen *mußte*, wäre allerdings verfehlt. Das bloße Vorhandensein von Rahmenbedingungen für Leben bedeutet noch keinen „Lebenszwang":

„Es gibt ... keine Weltformel, die die Entstehung des Lebens als Konsequenz materiellen Verhaltens zwingend deduzierte und gleichzeitig das Wunder der Mannigfaltigkeit höheren Lebens bis hin zur Seele des Menschen erklären könnte. Auf jeder Stufe der Evolution lassen sich Mechanismen identifizieren, die es dem System erlauben, sich weiter zu entwikkeln. Sie haben vieles miteinander gemein und weichen doch im Detail voneinander ab." (Manfred Eigen, *Stufen zum Leben*, S. 101)

Das bedeutet, weder die Entstehung des Lebens auf der Erde noch der weitere Verlauf der Evolution waren mithin zwingend. Jedenfalls war die Entstehung von Lebewesen auf unserem Planeten ein einmaliges Ereignis. Experimente, die uns helfen, den Lebensursprung nachzuvollziehen, bedeuten daher natürlich nicht, daß dieses Ereignis künstlich wiederholt und Leben beliebig oft (künstlich) erzeugt werden kann. Sie machen allerdings deutlich, welche grundsätzlichen physikalischen und chemischen Vorgänge Materie in belebte Systeme verwandeln können.

Natürlich ist es eine spannende Frage, wie die Evolution vor ein oder zwei Milliarden Jahren letztlich in Schwung kam. Leben ist zwar früh in der Geschichte der Erde entstanden, war aber lange Zeit nur in Form von Mikroorganismen präsent. Auf dieser Stufe waren die Bedingungen für Evolution bereits gegeben. Durch ihre Reproduktion stellten die Mikroorganismen Kopien ihrer selbst her und erzeugten Variation, so daß die natürliche Auslese wirksam werden konnte. Aber erst die „Erfindung" der geschlechtlichen Fortpflanzung ermöglichte durch die Mischung der Gene von je zwei verschiedenen Individuen eine wirklich große Bandbreite an Varianten, die also der Selektion viel mehr Material liefert (siehe nochmals S. 55).

Vom Einzeller zum Vielzeller

Die Entstehung des Lebens war sicher eines der einschneidenden Ereignisse in der „Biographie" unserer Erde. Die ersten Lebewesen waren Einzeller, *Prozyten* oder *Prokaryonten*, Or-

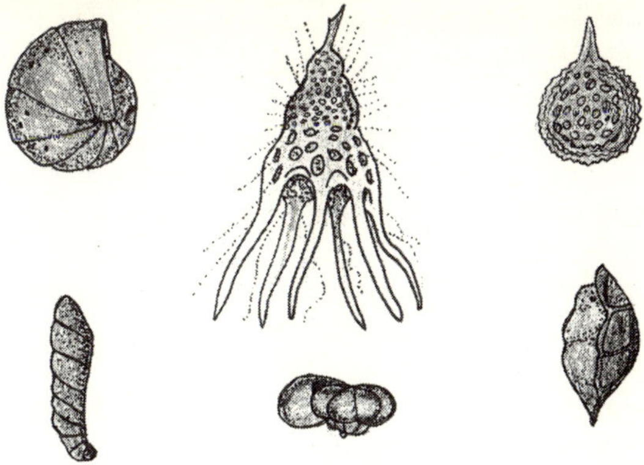

Abb. 15: Beispiele für fossile Einzeller (Mikrofossilien) aus verschiedenen erdgeschichtlichen Perioden. (Kombiniert nach verschiedenen Autoren)

ganismen ohne echten Zellkern, wie er für die überwiegende Mehrzahl der heute bekannten Arten *(Eukaryonten)* repräsentativ ist. Einen Eindruck von diesen ersten „echten" Lebewesen vermitteln uns die heute noch (in großer Zahl) existierenden Bakterien. Die übrigen einzelligen Lebewesen (Sporentierchen, Geißeltierchen und andere) – darunter Erreger vieler gefährlicher Krankheiten (zum Beispiel Malaria) – sind komplexer gebaut und besitzen einen Zellkern. Bei jedem einzelligen Lebewesen stellt eine einzelne Zelle den gesamten Organismus dar, was umgekehrt bedeutet, daß eine Zelle bereits alle grundlegenden Eigenschaften lebender Systeme aufweist und als solche eben lebensfähig ist. Einzeller – ob mit oder ohne Zellkern – werden gemeinhin als sehr primitive Lebensformen eingestuft. Wir dürfen aber nicht vergessen, daß bereits auf ihrem Niveau eine große Artenvielfalt entstand (Abb. 15). *Mikrofossilien* dokumentieren zahlreiche zwei bis drei Milliarden Jahre alte oder noch ältere Arten.

Freilich, wäre die Evolution auf dem Niveau einzelliger Lebewesen stehengeblieben, dann wäre die Artenvielfalt heute dennoch vergleichsweise gering, und das Leben auf der Erde würde ein insgesamt unauffälliges Dasein fristen. Es wäre praktisch unsichtbar. Manche Einzeller sind zwar zu bemerkenswerten Leistungen fähig. So besitzen einige Arten spezifische, abgegrenzte Zellbezirke, die analog zu den Organen vielzelliger Organismen funktionieren und ihnen beispielsweise ermöglichen, auf Lichtreize zu reagieren. Aber mit der Sensibilität und Leistungsfähigkeit der Augen vielzelliger Tiere ist das nicht zu vergleichen. Einzeller können auch keine so große genetische Vielfalt produzieren wie Vielzeller. Bei den sich durch bloße Zweiteilung vermehrenden Arten kann kein Austausch genetischer Information beziehungsweise keine genetische Rekombination stattfinden, die, wie gesagt, für die Evolution von sehr großer Bedeutung ist (S. 56). Die Entstehung vielzelliger Lebewesen war also ein entscheidender Schritt in der Entwicklungsgeschichte des Lebens auf der Erde. Vielzellige Organismen zeichneten sich von Anfang an dadurch aus, daß sie ihre Aktivitäten und Leistungen auf mehrere Zellen (später auf verschiedene) Organe verteilen konnten und mithin leistungsfähiger waren als Einzeller. Die Frage, wie aus Einzellern Vielzeller entstanden, läßt aber nach wie vor verschiedene Antworten zu. Denkbar ist, daß das zufällige Zusammentreffen mehrerer Einzelzellen eine neue Ganzheit bildete, sozusagen einen „Überzeller", der eine robuste Struktur darstellte und jeder einzelnen Zelle Schutz gewährte. Wo auch immer mehrere Einzeller zusammengetroffen sind, könnten sie meist auch zusammengeblieben sein, weil sie so besser lebensfähig waren, als es jeder für sich allein war. Kann dieses Modell Schule gemacht haben? Es ist fraglich, ob ein derartiger Komplex von Einzellern auch als Ganzes fortpflanzungsfähig gewesen wäre und (genetisch) überlebt hätte. Eine bessere Antwort auf die Frage bieten daher wahrscheinlich Zellkolonien heutiger einzelliger Arten. Bei der Gattung *Volvox*, einem geißeltragenden Einzeller, bleiben nach der Zellteilung die Tochterzellen eng beisammen und bilden so größere Zellkomplexe. In diesen erfolgt nicht nur eine koordinierte Geißelbewegung in einheitlicher Richtung, sondern sogar eine Funktionsteilung unter den beteiligten Zellen, wobei einige die Aufgabe der Bewegung, andere die der Fortpflanzung übernehmen.

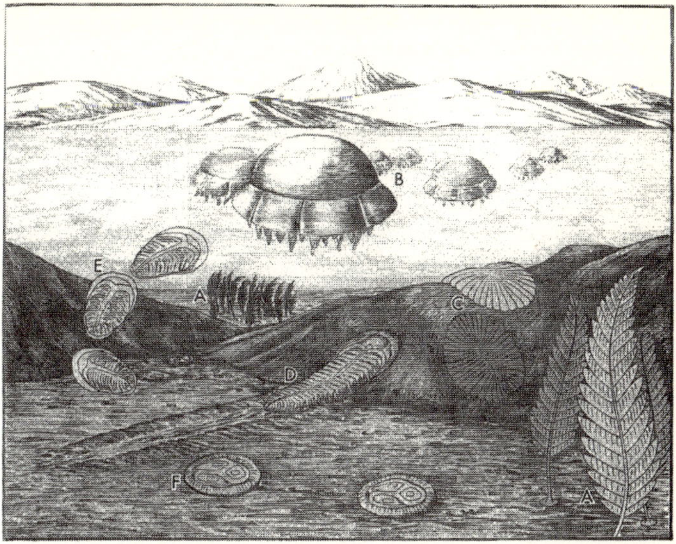

Abb. 16: Rekonstruktion der Ediacara-Fauna. A, B = Hohltiere, C = Ringelwurm (?), D = Ringelwurm, E, F = Tiere unbekannter Stellung. (Aus Heinrich K. Erben, Die Entwicklung der Lebewesen, Piper-Verlag, München–Zürich 1988)

Während es aber derzeit noch nicht möglich ist, den Übergang von Einzellern zu Vielzellern eindeutig zu rekonstruieren, liegen aus präkambrischer Zeit zahlreiche Fossilfunde vor, welche die Vielfalt relativ alter vielzelliger Tiere dokumentieren. Eine Schlüsselrolle spielt die sogenannte Ediacara-Fauna, benannt nach den *Ediacara Hills* in Südaustralien. Sie existierte vor rund 700 bis 570 Millionen Jahren und bestand aus überwiegend flachen, weichhäutigen Tieren (Abb. 16). Zwei Drittel ihrer Arten werden zu den sogenannten Hohltieren (zum Beispiel Quallen) gezählt, andere können als Ringelwürmer identifiziert werden, eine Gruppe, zu der auch die heutigen Regenwürmer zählen.

Die Entfaltung der Organismenreiche

Traditionsgemäß wurde die Organismenwelt in Pflanzen- und Tierreich untergliedert. Dieses „Zweireichsystem" ist allerdings längst nicht mehr haltbar. An seine Stelle ist, vor allem auf der Grundlage ernährungsphysiologischer Untersuchungen, ein „Fünfreichsystem" getreten. Drei prinzipielle Ernährungsweisen der Lebewesen sind voneinander zu unterscheiden:

1. Photosynthese: Umwandlung von Lichtenergie in chemische Energie (Assimilation von Kohlendioxid, Ernährung durch anorganische Stoffe [*Autotrophie*])
2. Absorption gelöster organischer Nährstoffe
3. Aktive Nahrungsaufnahme: Einverleibung und innere Verdauung meist fester organischer Nahrung *(Heterotrophie)*

Die rezenten Pflanzen, Pilze und Tiere sind das Resultat einer Spezialisierung auf jeweils eine dieser drei Ernährungsweisen: Pflanzen = 1, Pilze = 2, Tiere = 3. Daher werden diese drei Organismengruppen als drei *Organismenreiche* auseinandergehalten. Die Einzeller (mit Zellkern) sind nicht spezialisiert. Sie bilden ein eigenes Reich und können als sehr ähnlich den Ahnenstadien dieser drei Reiche der Vielzeller angesehen werden, mit denen zusammen sie die Organisationsstufe der Eukaryonten (siehe oben) darstellen. Die zellkernlosen Einzeller oder Prokaryonten bilden schon aufgrund ihrer zellulären Strukturierung ein eigenes Reich. Jedes dieser fünf Organismenreiche besteht aus mehreren bis zahlreichen Stämmen. Welche Organismengruppe aber jeweils als „Stamm" auszuzeichnen ist, ist nicht immer klar, so daß auch Autoren von botanischen und zoologischen Lehrbüchern (oft zum Ärger der Studenten) nicht exakt ein und demselben System folgen. Überblicksartig präsentieren sich die fünf Reiche (mit je ein paar Beispielen für ihre Stämme) wie folgt:

1. Prokaryonten oder Moneren (Einzeller ohne Zellkern): Blaualgen, Bakterien
2. Protisten (Einzeller mit Zellkern): Goldalgen, Sporentierchen, Geißeltierchen

3. Pilze: Echte Schleimpilze, Algenpilze, Schlauchpilze, Ständerpilze
4. Pflanzen: Rotalgen, Moospflanzen, Gefäßpflanzen (Farnpflanzen, Blütenpflanzen)
5. Tiere: Schwämme, Plattwürmer, Ringelwürmer, Weichtiere (Kopffüßer, Muscheln, Schnecken), Gliederfüßer (Tausendfüßler, Spinnentiere, Krebstiere, Insekten), Stachelhäuter, Rückensaitentiere (vor allem Wirbeltiere)

Die näheren stammesgeschichtlichen Beziehungen zwischen den fünf Organismenreichen und die evolutiven Zusammenhänge zwischen einzelnen Stämmen sind im Detail immer noch umstritten, so daß ein „Stammbaum" der Organismenwelt (Abb. 17) nur grob gezeichnet werden kann und vorläufigen Charakter hat. Einigkeit besteht nur darüber, daß die Organismenwelt mit allen ihren heute entfalteten Reichen auf urtümliche, den heutigen Bakterien ähnliche Lebewesen zurückgeht. Seit dem Kambrium sind aber praktisch alle Organismenstämme fossil nachgewiesen, so daß zumindest aus dem Zeitraum der letzten 500 Millionen Jahre die Spuren des Lebens auch in einigen Details gut zurückverfolgt werden können. Das ist auch der Zeitraum, in dem die Wirbeltiere zu ihrer Entfaltung gelangten.

Die Wiege des Lebens war das Meer. Manche Stämme und Klassen kommen noch heute ausschließlich in den Meeren vor oder besiedelten mit einigen ihrer Arten das Brackwasser, das heißt mit Meerwasser vermischtes Süßwasser etwa an Flußmündungen (zum Beispiel viele Einzeller, Korallen, Kopffüßer, Stachelhäuter und andere). Zahlreiche Stämme und Klassen waren oder sind noch mit manchmal sehr vielen Arten im Meer vertreten (Ringelwürmer, Krebse, Schnecken, Muscheln, Fische, Säugetiere und viele mehr). Das Süßwasser konnte in allen erdgeschichtlichen Perioden vom Meer aus besiedelt werden. Wasser war stets ein besonders attraktiver Lebensraum. Viele Organismenarten sind vom Land ins Wasser eingewandert oder sind zumindest „Halbwasserpflanzen" und „-tiere" geworden, wie beispielsweise manche Moose und Farne, Schnecken, Käfer etc. Die Individuen vieler Insektenar-

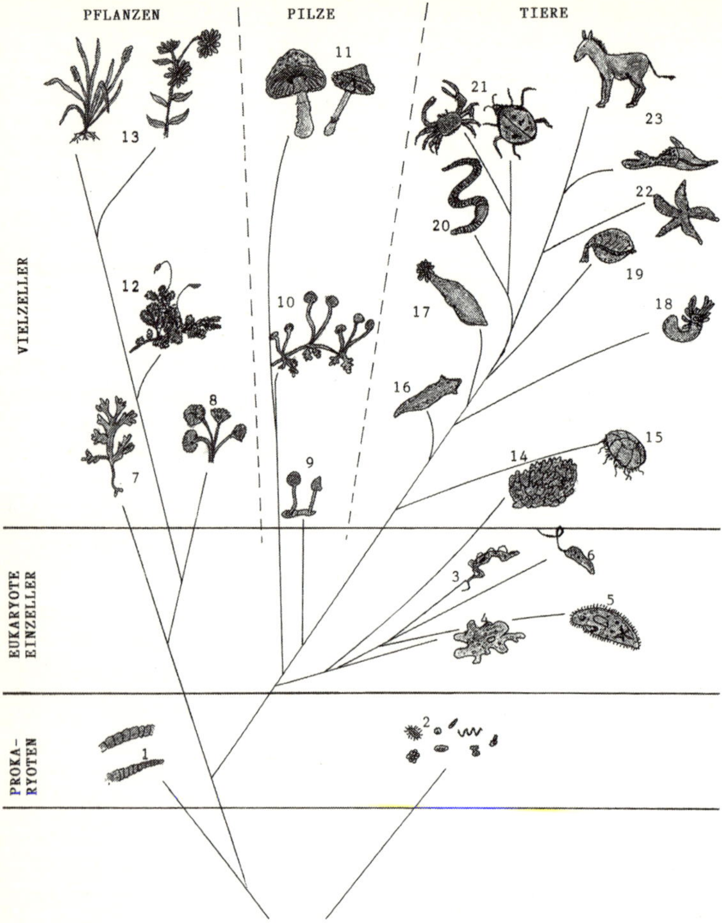

Abb. 17: Mutmaßliche stammesgeschichtliche Zusammenhänge zwischen den wichtigsten Organismengruppen. 1 = Blaualgen, 2 = Bakterien, 3, 6 = Geißeltierchen, 4 = Amöben, 5 = Wimpertierchen, 7, 8 = Algen, 9 = Niedere Pilze, 10 = Schimmelpilze, 11 = Ständerpilze, 12 = Moospflanzen, 13 = Samenpflanzen, 14 = Schwämme, 15 = Hohltiere, 16 = Plattwürmer, 17 = Spritzwürmer, 18 = Hufeisenwürmer, 19 = Weichtiere (Muscheln, Schnecken, Kopffüßler), 20 = Ringelwürmer, 21 = Gliederfüßler, 22 = Stachelhäuter, 23 = Chordatiere (Wirbeltiere). (Nach verschiedenen Autoren)

ten verbringen zumindest ihre frühen Entwicklungsstadien im Wasser. Gleiches gilt für die Amphibien („Kaulquappen"). Die Amphibien sind in gewisser Weise lebende Beispiele für die Übergangsformen zwischen Wasser- und Landbewohnern unter den Wirbeltieren.

Die Entstehung der Wirbeltiere

Ein weiteres wichtiges Ereignis in der Evolution war die Entstehung der Wirbeltiere. Nicht deshalb, weil eine ihrer Entwicklungslinien in der Evolution des Menschen mündete oder weil Tiere aus dieser Gruppe dem Menschen am besten vertraut sind. Das wäre eine völlig illegitime anthropomorphe Sichtweise der Evolution. Aber mit den Wirbeltieren entstand ein neuer Bauplan, der mit der Entfaltung vieler „Unterbaupläne" den Reichtum des Lebens auf der Erde entscheidend vergrößerte. Der Wirbeltierkörper ist seiner Länge nach typischerweise in Kopf, Rumpf und Schwanz gegliedert. Diese Gliederung hat, aufgrund spezieller Lebenserfordernisse und Anpassungen, im Detail allerdings mannigfache Abwandlungen erfahren. Wirbeltiere haben alle geographischen beziehungsweise klimatischen Regionen besiedelt. Sie finden sich im Wasser ebenso wie auf dem Festland; viele ihrer Gruppen (vor allem die Klasse der Reptilien) leben in wärmeren bis heißen Regionen, andere (zum Beispiel Pinguine und Robben) haben die sehr kalten Regionen „erobert"; viele Arten sind Waldbewohner, andere Steppen- oder Wüstenbewohner. Die Wirbeltiere sind der artenreichste Unterstamm der Rückensaiten- oder Chordatiere, zu denen unter anderem auch die Acrania oder Schädellosen – mit dem Lanzettfischchen – gehören.

Die Existenz des Lanzettfischchens ist ein Glücksfall für die Evolutionsbiologie. Dieses in den Küstenzonen warmer Meere beheimatete, nur wenige Zentimeter lange Tier zeigt modellhaft den Organisationstypus der Chordatiere (Abb. 18). Ihren Körper durchzieht ein elastischer Strang aus spezialisierten Zellen, die *Chorda dorsalis*, ein Stützorgan, das auch bei allen Wirbeltieren immer noch zumindest embryonal angelegt wird,

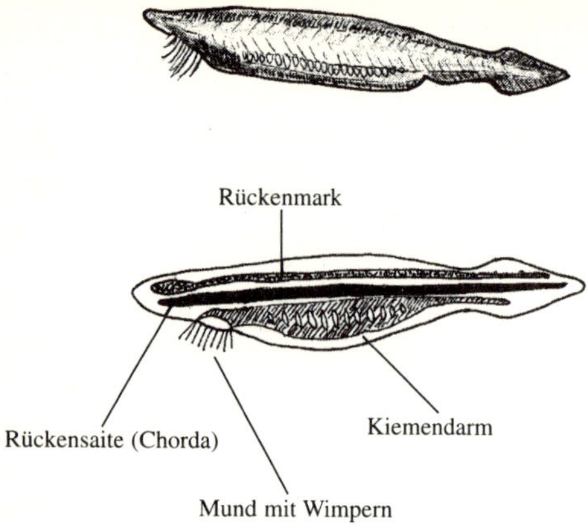

Abb. 18: Lanzettfischchen. Oben: Habitusbild. Unten: Bauplan.

um erst danach von der Wirbelsäule ersetzt zu werden. Die Wurzel der Wirbeltierevolution waren also Tiere, die über dieses primäre Stützorgan verfügten und zumindest eine Ähnlichkeit mit dem Lanzettfischchen hatten.

Über die näheren Umstände der Entstehung der Wirbeltiere lassen sich aber keine zuverlässigen Angaben machen. Darüber, wie ihre unmittelbaren und entfernteren Vorfahren tatsächlich ausgesehen haben, ist viel diskutiert und spekuliert worden. Einiges spricht dafür, daß ihnen freischwimmende, wurmförmige Tiere vorangingen. Zweierlei läßt sich aber nahezu mit Sicherheit sagen: Erstens waren die Wirbeltiere ursprünglich Wasserbewohner und fischähnliche Organismen; zweitens traten sie spätestens vor etwa 450 Millionen Jahren in Erscheinung. Fossil überliefert sind aus dieser Zeit (und aus späteren Perioden) die *Ostracodermen*, sogenannte Knochen- oder Schalenhäuter, Fische mit einem knöchernen Außenskelett und einer Kopfregion ohne Kiefer („Kieferlose"). Ihr Mund war also noch nicht zum Beißen geeignet, eine einfache Öffnung, die den nahrungsbringenden Wasserstrom bloß einsaugte. Daher müssen die Tiere meist träge am Boden der Gewässer herumgeschwommen sein. Zu ihren schlimmsten Feinden dürften große Wasserskorpione gehört haben, gegen die sie sich nur durch ihre „Knochenhaut“ schützen konnten, deren Rückbildung die natürliche Auslese nach dem Aussterben dieser Skorpione begünstigte. Kieferlose Wirbeltiere haben sich in abgewandelter Form im übrigen bis heute gehalten. Die Neunaugen sind langgestreckte, den Aalen ähnliche Tiere mit einer langen Flosse auf dem Rücken und um den Schwanz herum, sonst aber ohne Flossen. Durch ihre runden, kieferlosen, aber bezahnten Mäuler (daher auch die Bezeichnung „Rundmäuler“) saugen sie in ihren frühen Entwicklungsstadien kleinere Tiere als Nahrung auf, als Erwachsene werden sie zu Parasiten und bohren sich in Fische ein, deren Blut sie saugen. Natürlich sind die heutigen Neunaugen selbst das Ergebnis langer Entwicklungsprozesse, aber sie geben uns eine ungefähre Vorstellung davon, wie die ersten (fischartigen) Wirbeltiere ausgesehen haben könnten. Die nächsten Evolutionsschritte vor etwa 400 Millionen Jahren müssen allerdings in der Entstehung eines knöchernen Innenskeletts und der Bildung von Kieferbögen bestanden haben.

In der Tat erschienen vor über 300 Millionen Jahren kiefertragende Fische auf der Bühne. Die *Placodermen* oder Panzerfische waren räuberisch lebende Tiere mit einem zum Teil auffallend reduzierten Panzer. Es wird vermutet, daß sich unter ihnen die Vorfahren der heutigen Knorpelfische (Haie und Rochen) befanden. Die Kiefer entstanden ursprünglich aus Kiemenbögen. Ihre evolutive Bedeutung ist nicht zu unterschätzen, da eine bewegliche Mundregion Tieren ein vielfältiges Freßverhalten erlaubt. (Wirbel-)Tiere ohne Kiefer bleiben in dieser Hinsicht ziemlich beschränkt. Die Panzerfische waren eine sehr vielgestaltige Formengruppe mit kleinen, aber auch sehr großen (viele Meter langen) Arten. Aus ihnen oder ihren Wurzelformen sind wahrscheinlich auch die Knochenfische hervorgegangen, eine Klasse, die mit über 20 000 Arten heute die überwiegende Mehrzahl der Fische darstellt (von denen viele als Speisefische bekannt und beliebt sind). Mit dem Auftreten der Panzerfische nahm also die Entwicklungsgeschichte der Wirbeltiere ihren Lauf. Im weiteren sollten sich ihre Vertreter aber nicht nur im Wasser aufhalten, sondern auch das

Festland erobern und dort eine bemerkenswerte Artenvielfalt entfalten.

Der „Schritt" vom Wasser ans Land

Die längste Zeit lebten Organismen nur im Wasser. Landbewohnende Lebewesen gibt es erst seit knapp über 400 Millionen Jahren. Dabei eilten die Pflanzen den Tieren voraus. Die Evolution der Pflanzen hat in gewissem Sinne die der Tiere vorbereitet. Durch ihre Assimilationstätigkeit beziehungsweise Photosynthese schafften sie die Grundlage für die Ernährung der Tiere. Die ersten Pflanzen, die auf dem Festland Vegetationsdecken bildeten, waren wahrscheinlich Algen, die zunächst an feuchten Stellen dünne Schichten aufbauten. Zu den prominentesten „Urlandpflanzen" zählen die *Psilophyten* (wegen der fehlende Blätter auch „Nacktpflanzen" genannt). Sie wurden schon im Jahr 1859 (zufälligerweise also im Erscheinungsjahr von Darwins evolutionstheoretischem Hauptwerk) beschrieben. Als Musterbeispiel für eine einfache Landpflanze wird immer wieder die Gattung *Rhynia* aus dem Devon angeführt (Abb. 19), deren Vorfahren in der Evolutionsgeschichte allerdings weiter zurückreichen müssen. Die Landpflanzen brachten es danach bald zu Wuchsformen von 20 Metern Höhe. Vor 350 Millionen Jahren bildeten sie die berühmten karbonischen Steinkohlenwälder.

Hätten sich die Pflanzen nicht ans Festland gewagt, dann

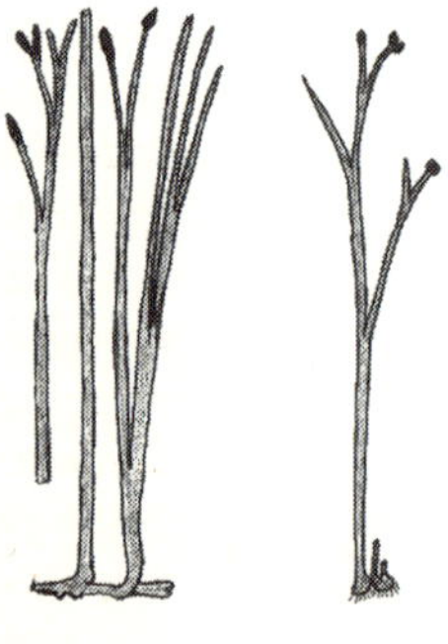

Abb. 19: Erste Landpflanzen. Links: Gattung *Rhynia*. Rechts: Gattung *Horneophyton*.

Abb. 20: Oben: *Eusthenopteron*. Unten: *Latimeria chalumnae*, einziger rezenter Vertreter der Quastenflosser. (Nach verschiedenen Autoren)

wären, das scheint sicher, Tiere dort nie entstanden. Man vergegenwärtige sich dazu besonders die ungeheure Artenvielfalt der Insekten. Wie schon erwähnt wurde (S. 66), hängt die Evolution der Insekten mit der der Pflanzen sehr eng zusammen. In den Steinkohlenwäldern brachten es die Insekten – aber auch die Spinnentiere – zu ihrer ersten Blüte. Wie aber schafften Tiere den Übergang vom Wasser- zum Landleben? Sind sie den Pflanzen einfach gefolgt? Die Frage ist natürlich ziemlich komplex, sie soll hier am Beispiel der Wirbeltiere kurz erörtert werden.

Die Lurche oder Amphibien (heute in der Hauptsache vertreten durch Molche, Salamander, Frösche und Kröten) sind die ältesten landbewohnenden Wirbeltiere. Sie sind seit etwa 350 Millionen Jahren fossil nachgewiesen. Die Gattung *Ichthyostega* repräsentiert das älteste bekannte Landwirbeltier, den ältesten Vierfüßer, der im Hinblick auf seinen Habitus zwischen Fischen und echten Landwirbeltieren vermittelt. An Fische erinnern sein Schädel und sein Schwanz, die fünfstrahligen Gliedmaßen hingegen sind ein Merkmal von Landwirbeltieren. Er kam aus dem Süßwasser und stammte von Fischen ab, die für das Landleben sozusagen prädisponiert waren. Solche Fische gehören zur Gruppe der Quastenflosser und sind fossil durch die Gattung *Eusthenopteron* gut repräsentiert (Abb. 20). Eine Art dieser Gruppe schwimmt noch heute als lebendes Fossil umher: *Latimeria chalumnae*. Erst 1938 entdeckt, lebt dieser Fisch in den Gewässern um die Komoren (einer Inselgruppe vor der Küste Ostafrikas) und ist der einzige lebende Vertreter jener wasserbewohnenden Wirbeltiere, von denen die Landwirbeltiere ihren Ausgangspunkt nahmen. Wenn wir uns nochmals die Systembedingungen der Evolution und die Bedeutung der inneren Selektion (S. 66) vergegenwärtigen, dann ist klar, daß die Landwirbeltiere nicht etwa aus Fischen herzuleiten sind, die zufällig ans Land gespült wurden und sich dort an die neuen Gegebenheiten anpaßten. Zufällig ans Land gespülte Fische sind – und waren immer – zum Tode verurteilt und konnten daher nie neue Evolutionslinien begründen. Die Quastenflosser jedoch bilden mit drei Eigenschaften optimale Voraussetzungen für Tiere, die den „Schritt" ans Festland schaffen konnten.

Ihre Flossen zeichnen sich durch ein starkes (inneres) Stützskelett aus, das ihnen schon früh erlaubte, ihren Körper in Trockenzeiten auf dem Lande fortzuschieben. Die Selektion wird solche Gliedmaßen unter entsprechenden ökologischen Bedingungen begünstigt haben. Innere Nasengänge sind ein weiteres Merkmal, über welches die frühen Quastenflosser verfügt haben müssen. Damit war ihnen die Aufnahme von Luft bei geschlossenem Mund möglich. Daraus läßt sich schließlich auch der Besitz von Lungenblasen wahrscheinlich machen, die das – zumindest kurzfristige – Überleben auf dem Festland ermöglichten. Warum haben (manche) Fische überhaupt solche Merkmale entwickelt? Sicher nicht deshalb, weil sich mit ihnen das Leben von Wirbeltieren auf dem Festland vorbereiten sollte. Manchmal kommt es in der Evolution (zufällig) zu Konstellationen, die sich erst im nachhinein als vorteilhaft erweisen. Das Zusammentreffen dieser drei Merkmale bei Fischen aus der Gruppe der Quastenflosser war jedenfalls, im nachhinein besehen, die grundlegende Voraussetzung für die Entstehung landbewohnender, vierfüßiger Wirbeltiere. Zunächst waren das also Amphibien, bald aber kam es zur Entwicklung der Kriechtiere oder Reptilien, die wiederum eine evolutive Neuheit darstellten. Ihre mit Hornschuppen bedeckte und nahezu drüsenlose Haut macht sie widerstandsfähiger gegen die Gefahr des Austrocknens. Somit können sie – im Gegensatz zu den Amphibien – in allen ihren Entwicklungsstadien auf dem Land leben und sind nicht mehr, wie es ihre Vorläufer waren, völlig abhängig vom Wasser.

Bekanntlich haben die Reptilien im Mesozoikum ihre höchste Blüte erreicht. Sie beherrschten die Bühne der Wirbeltierevolution über 100 Jahrmillionen. Wie groß ihre Artenvielfalt war, läßt sich heute nur erahnen – jedenfalls sehr groß. Paläontologen fördern praktisch ununterbrochen Überreste bislang unbekannter Saurier-Arten zutage, darunter Reste gigantischer Formen ebenso wie Fossilien kleiner und wenig spektakulärer Spezies. Die Saurier besetzten im Laufe ihrer Entwicklungsgeschichte praktisch alle ökologischen Nischen, waren nicht nur auf dem Festland durch zum Teil bizarr anmutende Arten vertreten, sondern fanden sich ebenso in den Meeren und bewegten sich mit verschiedenen Spezies durch die Lüfte. Die Amphibien haben nie eine derartige Artenfülle entwickelt und hielten sich auch hinsichtlich ihrer Körpergröße eher bescheiden. Die drei oder vier Meter Körperlänge, die ihre größten Arten erreichten – der rezente Riesensalamander wird über anderthalb Meter lang – verblassen natürlich beim Vergleich mit den großen Sauriern. Aber Amphibien bildeten die Wurzeln der Evolution der Reptilien, die sich von ihnen vor etwa 330 Millionen Jahren abgespalten haben. Für längere Zeit waren die Reptilien nicht besonders prominent vertreten, erst in den Perioden Jura und Kreide traten sie ganz massiv in Erscheinung. Eines scheint sicher: Wären sie am Ende der Kreide-Zeit nicht ebenso massiv ausgestorben, dann wären wir heute nicht hier. Der „Schritt" ans Land war selbstverständlich noch lange kein Garant dafür, daß sich weitere Klassen der Wirbeltiere herausbilden würden, und zwar – neben den Reptilien und aus diesen hervorgegangen – einerseits die Vögel und andererseits die Säugetiere.

Die Entstehung des Menschen

Die ersten Säugetiere traten bereits in der Trias-Zeit, vor rund 200 Millionen Jahren, auf. Die Vorherrschaft der Reptilien im Mesozoikum erlaubte ihnen allerdings zunächst keine besondere Entfaltung. Es ist also kein Zufall, daß die meisten Ordnungen der Säugetiere erst nach dem Aussterben der Saurier, im Verlauf des Känozoikums, entstanden bzw. ihre Blütezeit erlebten. Die Säugetiere haben sich zu einer sehr vielfältigen Klasse entwickelt. Allein die Unterschiede in der Körpergröße sind bei den Säugetierarten bemerkenswert. Die größte Art (das größte aller lebenden Tiere überhaupt) ist der Blauwal mit etwa 30 Metern Körperlänge und einem Körpergewicht von 140 Tonnen, die kleinste ist die Zwergspitzmaus, die bei knapp über sechs Zentimetern Körperlänge nur etwa sechs Gramm wiegt. Es mag aber von Interesse sein, daß etwa 1000 rezenten über 2000 fossile Gattungen gegenüberstehen. Möglicherweise kommt dieses Verhältnis nur dadurch zustande, daß die Säugetiere fossil besonders gut bezeugt sind, vielleicht darf man aber auch vermuten, daß die Säugetiere inzwischen ihre Blütezeit hinter sich haben. Eine Spezies jedenfalls ist erst vor sehr kurzer Zeit entstanden und aufgeblüht: *Homo sapiens*. In ihrer rezenten Form weist diese Spezies ein Alter von lediglich etwa 40000 Jahren auf, geht aber natürlich auf viel ältere Formen zurück und ist im Hinblick auf ihre Stammesgeschichte in die Evolution der Primaten einzuordnen, die vor etwa 60 Millionen Jahren ihren Anfang nahm.

Primaten oder Herrentiere sind heute mit knapp 200 Arten vertreten. Mit dem rezenten Menschen am engsten verwandt sind der Gewöhnliche Schimpanse, der Zwergschimpanse oder Bonobo, der Gorilla und der Orang-Utan. Diese Verwandtschaft zeigt sich nicht nur anatomisch und in vielen Verhaltensmerkmalen. Genetische Untersuchungen aus neuester Zeit haben ergeben, daß der Mensch mit Schimpansen über 98 % seiner Gene teilt. Die vier erwähnten Arten bilden die Familie der Menschenaffen oder Pongiden, denen die Menschenartigen oder Hominiden gegenüberstehen. Über die Herleitung der

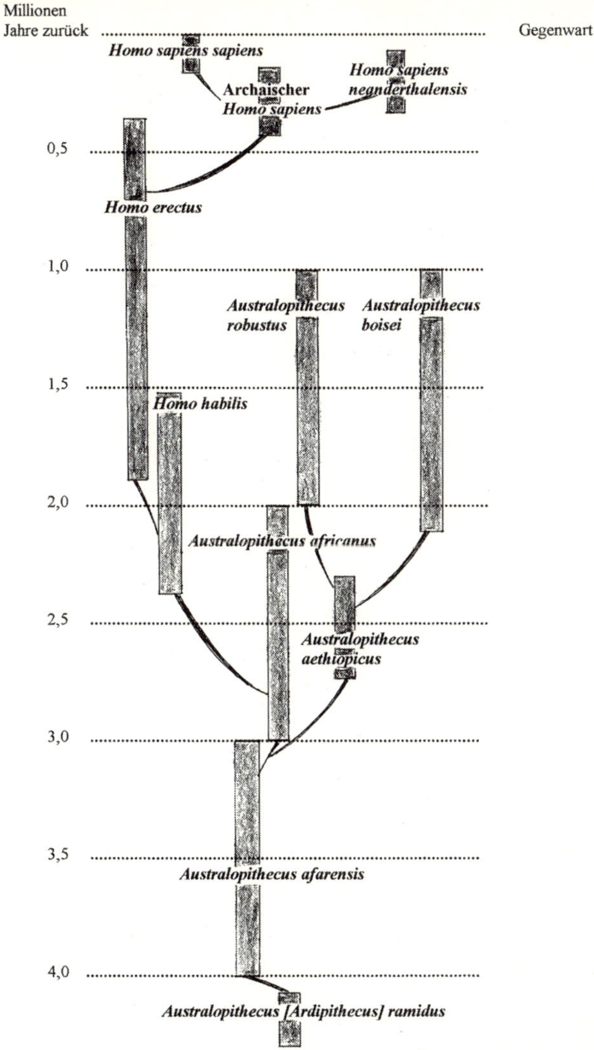

Abb. 21: Alter der wichtigsten bekannten Vertreter der Hominiden und deren mutmaßliche stammesgeschichtliche Beziehungen. (Nach verschiedenen Autoren)

Hominiden wurde oft und viel gestritten. Tatsache ist, daß sie mit den Pongiden gemeinsame Vorfahren haben und sich ihr Stammbaumast von dem der Pongiden vor über fünf Millionen Jahren abgespalten hat. Innerhalb dieses Zeitraums traten die Hominiden mit unterschiedlichen Arten auf. Die letzten zwei bis drei Jahrzehnte haben immer wieder neue fossile Arten ans Tageslicht gebracht. Heute werden zwei Gattungen der Hominiden voneinander unterschieden: *Australopithecus* und *Homo*. *Australopithecus* trat mit mehreren Arten auf, starb aber vor etwa einer Million Jahren aus. *Homo* ist fossil vor allem durch die Spezies *Homo erectus* dokumentiert und mit einer einzigen Art, eben *Homo sapiens*, rezent vertreten. Genau gesagt handelt es sich dabei um *Homo sapiens sapiens*, dessen „Vetter" *Homo sapiens neanderthalensis* (der berühmte Neandertaler) vor rund 35 000 Jahren von der Bühne verschwand. Der stammesgeschichtliche Zusammenhang zwischen den einzelnen Hominiden-Arten wirft im Detail noch Fragen auf (Abb. 21). Dennoch ist es beeindruckend, um wieviel klarer sich uns unsere eigene Herkunft und stammesgeschichtliche Entwicklung heute etwa im Vergleich zu den fünfziger und sechziger Jahren des 20. Jahrhunderts präsentiert. Dabei fällt auf, daß die Anfänge der „Menschwerdung" in diesen wenigen Jahrzehnten immer weiter nach „hinten" verlegt wurden. Allerdings sind die vier oder fünf Millionen Jahre, die heute als Zeitraum für die Evolution der Hominiden im engeren Sinn veranschlagt werden, ein relativ sehr kurzer Zeitraum in der Evolutionsgeschichte. Die Hominiden liefern, wie es scheint, ein gutes Beispiel für eine relativ schnelle Evolution, eine Evolution nach dem Modell des Punktualismus (siehe S. 37).

Zu den herausragenden Merkmalen der Hominiden-Evolution, die auch den Status des heutigen Menschen verstehen lassen, zählen die folgenden:

1. Erwerb des aufrechten Ganges, der *Bipedie*, also der Fortbewegung auf nur zwei – den hinteren – Extremitäten
2. Entwicklung der Vorderextremitäten zu „Instrumenten",

die, frei von der Aufgabe der Fortbewegung, universell eingesetzt werden können (Greifhand, Instrument zur Manipulation von Gegenständen)

3. Vergrößerung und Differenzierung des Gehirns, verbunden mit der Ausbildung spezifischer Gehirnareale und -zentren (zum Beispiel Sprachzentrum)

Diese drei Merkmale sind eng miteinander verbunden. Allerdings setzte eine Beschleunigung des Gehirnwachstums vor allem in den späteren Phasen der Hominiden-Evolution, vor eineinhalb bis zwei Millionen Jahren, ein. Der heutige Mensch verfügt über ein Gehirnvolumen von durchschnittlich etwa 1 500 Kubikzentimetern; das ist ungefähr das Dreifache der Gehirngröße der Schimpansen und der ältesten Hominiden. Die Evolution des Menschen ist also ganz entscheidend von der Gehirnentwicklung geprägt. Alles, was der Mensch heute darstellt, seine intellektuellen Fähigkeiten und seine Kulturentwicklung, verdankt er seinem Gehirn. Die Steigerung der Leistungsfähigkeit des Gehirns ermöglichte in Verbindung mit den von der Aufgabe der Fortbewegung befreiten Händen relativ früh die Herstellung von Werkzeugen, womit der Mensch alle analogen Fähigkeiten anderer Lebewesen bald maßgeblich übertreffen sollte.

Zweifelsohne war der Evolutionsweg des Menschen einmalig – aber die Evolution jeder Spezies, Gattung oder Familie ist einmalig, und es gibt längst keine Hinweise mehr darauf, daß wir für eine Erklärung unserer eigenen Herkunft anderer als jener Mechanismen bedürfen, die für die Erklärung der Evolution insgesamt herangezogen werden. Nach allem, was wir heute über das Zusammenwirken der Evolutionsfaktoren wissen, ist der Mensch auch keineswegs mit Notwendigkeit entstanden. Er verdankt seine Existenz einer langen Kette von Zufällen, verbunden mit anatomischen, funktionellen und ökologischen Entwicklungszwängen. Zu jedem Zeitpunkt während der letzten fünf Millionen Jahren hätte ein einziger ungünstiger Zufall die Evolution der Hominiden sozusagen stoppen können. Daß es uns gibt, daß wir nun sogar über unsere eigene Herkunft nachdenken, war also keineswegs eine von vornherein ausgemachte Sache.

Über die unmittelbaren Vorfahren der Hominiden liefern uns Fossilien noch immer nicht befriedigend Auskunft. Doch die Vermutung liegt nahe, daß die frühesten Vorfahren des Menschen Primaten gewesen sein müssen, die am Rande des tropischen Regenwalds lebten, gute Kletterer waren, aber den Weg von Baum zu Baum zu Fuß zurücklegten, sich also in der Fortbewegung auf dem Boden übten. Durch die Verschiebung der Waldgebiete entstanden Savannen, die einen neuen Selektionsdruck auf ursprüngliche Waldbewohner ausübten. Unter diesen konnten sich langfristig besonders solche bewähren, die sich vom vierbeinigen Kletterer zum aufrecht gehenden Zweibeiner entwickelten. Auch die heutigen Pongiden zeigen ganz gute Ansätze für den aufrechten Gang, aber offenbar hat es keiner von ihnen so weit gebracht wie der Mensch. Nachdem sich die Bipedie einmal etabliert hatte, die Vorderextremitäten eine damit verbunde Entwicklung erfuhren und eine beschleunigte Gehirnentwicklung einsetzte, wurden die Hominiden – mit *Homo erectus* und (noch viel mehr!) *Homo sapiens* – zu einer überaus erfolgreichen Säugetierfamilie. Ihr evolutiver Erfolg zeigt sich allein schon in ihrer weltweiten Verbreitung – von Afrika aus haben sie alle Kontinente besiedelt –, aber auch in der enorm angewachsenen Zahl ihrer Individuen. Sechs Milliarden Individuen ist für einen Säuger unserer Körpergröße und Gewichtsklasse der absolute Rekord. Die Populationsdichte des heutigen Menschen ist unter anderem auf zwei Faktoren zurückzuführen. Zum einen kann der Mensch durch die wirkungsvolle Bekämpfung vieler Krankheiten der natürlichen Auslese entgegenwirken. Zum zweiten betreibt er Pflanzen- und Tierzucht; er hat verschiedene Pflanzen- und Tierarten *domestiziert* und kann – indem er künstliche Selektion betreibt – seine Nahrungsressourcen stark vergrößern. Beides ist sicher einmalig in der Welt der Lebewesen. Keine Art konnte sich bisher aktiv gegen Krankheiten wehren oder Mittel dagegen finden. Und keine andere Spezies ist in der Lage, andere Arten zu züchten oder sie als Nahrungslieferanten zu halten. In jüngster Zeit hat der Mensch auch begonnen, in das Erbgefüge von Organismen einzugreifen, und hat Methoden der genetischen Manipulation entwickelt, die möglicherweise entscheidende Konsequenzen für seine zukünftige Evolution haben werden und den weiteren Gang des Lebens auf der Erde beeinflussen könnten. Auch die heute bereits sehr weit entwickelten Reproduktionstechnologien (künstliche Befruchtung etc.) sind entscheidende Eingriffe in das natürliche Geschehen. Die Tatsache, daß der Mensch somit begonnen hat, der Evolution ins Handwerk zu pfuschen, fordert nicht nur ethische Überlegungen heraus, sondern zwingt uns auch, über die Evolution selbst nachzudenken.

Evolutiven Erfolg kann man dem Menschen gewiß nicht absprechen. Aber der evolutive Erfolg einer Art geht mit der Benachteiligung anderer Arten einher. *Homo sapiens* ist in dieser Hinsicht das bisher extremste Beispiel. Doch nach allem, was wir heute über Evolution wissen, kann keine Art für alle Zeiten evolutiven Erfolg haben. Unsere eigene Spezies wird sich dabei nicht als Ausnahme sehen dürfen.

Leben im Weltall?

Hat sich auch auf anderen Planeten, in den Tiefen des Weltalls ein ähnliches Wesen entwickelt? Gibt es überhaupt Leben auf anderen Planeten? Diese Fragen üben eine große Faszination aus, die nicht nur durch wilde UFO-Geschichten dokumentiert wird, sondern sich auch in dem seriösen Bemühen vieler Naturwissenschaftler zeigt, die Wahrscheinlichkeit der Existenz außerirdischer Lebewesen zu berechnen. Man mag dazu stehen, wie man will: Statt Unmengen von Geld in Projekte zu investieren, die dem Auffinden außerirdischen Lebens dienen (welches bisher allerdings auch nicht andeutungsweise gefunden wurde), könnte man sicher mehr für die hungernden Menschen auf unserem Planeten tun oder das Geld der medizinischen Forschung zur Verfügung stellen. Aber es ist nun einmal eine interessante Frage, ob wir allein im Kosmos sind. Abschließend wollen wir auch hier ein wenig über diese Frage spekulieren.

Nachdem zu Beginn der Neuzeit das geozentrische Weltbild verabschiedet wurde und wir längst wissen, daß unsere Erde kein ausgezeichneter Planet ist und ihr im Universum kein besonderer Platz eingeräumt wurde, wäre die Behauptung, Leben sei nur auf der Erde möglich, schon theoretisch illegitim. Die Erde ist ein relativ kleiner Planet, der mit acht anderen Planeten um die Sonne kreist und von der Sonne aus gesehen (nach Merkur und Venus) den dritten Platz einnimmt. Allen Bemühungen zum Trotz wurden auf den anderen Planeten keine Hinweise auf jetzige oder frühere Lebewesen gefunden. Die Vermutung liegt nahe, daß sich auch im Umkreis unseres Sonnensystems keine Organismen entwickelt haben. Aber das muß nichts bedeuten. Unter den vielen Milliarden Galaxien mit ihren jeweils wiederum vielen Milliarden Sonnensystemen kann es rein statistisch gesehen sogar sehr zahlreiche Planeten geben, die irgendwelche Formen von Lebewesen hervorgebracht haben. Viele Astronomen, Physiker und Biologen sind auch durchaus der Meinung, daß es im Universum an verschiedenen Stellen Organismen gibt oder einst gegeben hat. Sie müssen ja nicht zeitgleich mit Lebewesen auf unserem Planeten existieren. Wenn man das Alter des Universums mit 15 bis 20 Milliarden Jahren annimmt, dann kann Leben auf verschiedenen Planeten zu unterschiedlichen Zeiten entstanden (und auch wieder erloschen) sein.

Lebewesen, wie wir sie kennen, können freilich nur unter bestimmten Bedingungen entstehen und gedeihen. Als potentielle Lebensträger kommen nur Planeten in Frage, auf deren Oberflächen eine bestimmte Temperatur nicht über- oder unterschritten wird. Das bedeutet, daß sich ein Planet mit Lebewesen in einem bestimmten Abstand zu seiner Sonne befinden muß. Ist dieser Abstand zu klein, dann wird die Hitze Leben nicht ermöglichen, ist er zu groß, dann ist es für Lebewesen zu kalt. Auch die Größe eines Planeten spielt eine bedeutende Rolle. Weder bei zu großer noch bei zu kleiner Massenanziehung kann sich Leben entwickeln und erhalten. So gesehen ist unsere Erde ein für das Leben tatsächlich optimaler Planet. Aber Planeten von vergleichbarer Größe und mit ähnlichen

Temperaturen muß es im Weltall viele geben. Dazu kommt, daß, wie die Erfahrungen auf der Erde zeigen, Leben innerhalb einer relativ großen Temperaturspanne möglich ist. Verschiedene Arten von Lebewesen sind in den kalten Polarregionen beheimatet, andere in den heißen Wüstenzonen. Manche Bakterien können noch bei einer Temperatur von 95 Grad Celsius leben und wachsen. Bärtierchen (eine kleine Gruppe winziger wirbelloser Tiere) können durch „Trockenstarre" eine kurzzeitige Erhitzung ihres Lebensraums auf 100 Grad Celsius ebenso überstehen wie einen bis zu 20 Monate langen Aufenthalt in flüssiger Luft (–200 Grad Celsius). So betrachtet sind verschiedene Arten von Lebewesen auch auf Planeten, die nicht ganz so „freundlich" sind wie die Erde, noch denkbar, wenn nur die wichtigsten Bedingungen für eine Entstehung von Leben gegeben sind.

Andererseits dürfen wir uns nicht zu dem Glauben verleiten lassen, daß Leben überall dort, wo es möglich ist, auch zwingend entsteht. Die Bedingungen auf der frühen Erde haben Leben möglich gemacht, aber nicht erzwungen. Natürlich kann Leben auf anderen Planeten ebenso „zwanglos" entstanden sein. Eine ganz andere Frage aber ist, ob es sich auch genauso entwickelt hat wie auf der Erde. Es kann auf dem Niveau einzelliger Lebewesen geblieben sein. Es kann sich auch weiterentwickelt haben. Doch so hoch die statistische Wahrscheinlichkeit für eine Evolution des Lebens auf fremden Planeten auch sein mag, ist eines wohl doch gewiß: Nirgends im Weltall haben sich exakt die Arten entwickelt, die auf der Erde leben oder gelebt haben; daß sich die vielen Zufälle, die zur Entstehung und Entwicklung etwa des Zaunkönigs, des Braunbären oder des Baummarders geführt haben, häufig wiederholen, ist praktisch ausgeschlossen. Man denke in diesem Zusammenhang noch einmal an den tragischen Tod des jungen Bankangestellten in Wien (S. 74). Ein unglückliches Zusammentreffen von Ereignissen beendete sein Leben. Das Zusammentreffen dieser Ereignisse war kein Wunder, es ist wissenschaftlich erklärbar. Die Wiederholung exakt dieser Ereignisse in mehreren Städten mit immer demselben Ergebnis

– ein neunzehnjähriger Bankangestellter wird in seiner Bank von einer Straßenbahn ums Leben gebracht – ist vor allem dann undenkbar, wenn jeder der getöteten jungen Männer auch die gleiche Biographie haben soll. Die „Biographie" zum Beispiel der Spezies der Baummarder kann sich also anderswo nicht wiederholt haben – jedenfalls dann nicht, wenn wir keine planenden, über alle Planeten im Weltall wachenden Geister annehmen.

Während die Entstehung und Entwicklung von Leben auf verschiedenen Planeten denkbar oder sogar wahrscheinlich ist, muß sich aber nirgendwo außerhalb der Erde *intelligentes* Leben entwickelt haben. Aber nehmen wir einmal an, daß es im Kosmos Intelligenzen und sogar Zivilisationen gibt (ausgeschlossen ist deren Existenz jedenfalls nicht), dann kann das nicht bedeuten, daß wir sie – oder sie uns – auch finden werden. Sowohl die räumlichen als auch die zeitlichen Dimensionen des Kosmos machen eine Begegnung der irdischen mit extraterrestrischen Zivilisationen äußerst unwahrscheinlich. Wir haben keine Vorstellung davon, wie alt eine Zivilisation werden kann – unsere jedenfalls ist noch sehr jung, und schon mehren sich die Anzeichen dafür, daß sie nicht allzu lange existieren wird. Die Möglichkeit, mittels Funkgeräten Kontakte mit potentiellen Außerirdischen aufzunehmen, hat diese Zivilisation erst seit einigen Jahrzehnten. Extraterrestrische Zivilisationen mit diesen Möglichkeiten sind vielleicht längst ausgestorben; oder unsere Zivilisation wird ausgestorben sein, wenn Außerirdische Funkgeräte zu entwickeln beginnen. Die Wahrscheinlichkeit, daß Zivilisationen auf verschiedenen Planeten innerhalb desselben kurzen Zeitraums Funkgeräte entwickeln und einander aufspüren, ist so gering, daß wir jede Hoffnung auf Kontakte aufgeben sollten. Und wenn intelligente Wesen *jetzt* auf einem Planeten, der, sagen wir, drei Milliarden Lichtjahre von der Erde entfernt ist, überaus subtile und weitentwickelte Funkgeräte besitzen und uns damit sogar aufspüren – dann würden sie uns, falls sie mit Lichtgeschwindigkeit fliegen könnten, in drei Milliarden Jahren besuchen. Eine ziemlich hoffnungslose Angelegenheit.

Eine Überlegung zu diesem Thema sollte aber noch festgehalten werden. Der amerikanische Physiologe und Evolutionsbiologe Jared Diamond ist davon überzeugt, daß es Leben auf anderen Planeten gibt, und denkt, daß sich da und dort auch hochentwickelte Zivilisationen (mit Funkgeräten!) entwickelt haben können. Warum aber, so fragt er, hoffen wir darauf, daß sie uns finden? Nach unseren Erfahrungen auf der Erde haben Arten mit „technischer Begabung" andere Arten unterdrückt und eliminiert. Seine nächsten Verwandten (die Schimpansen), die zwar intelligent sind, aber nicht über entsprechende technische Mittel verfügen, hat der Mensch nicht freundlich begrüßt, sondern abgeschossen, ausgestopft oder für Tierversuche mißbraucht. Wann immer eine technisch hochentwickelte Zivilisation auf der Erde auf andere Menschen und Völker stieß, hat sie diese versklavt oder niedergemetzelt und ihren Lebensraum okkupiert. Man stelle sich also vor, was geschähe, würde uns eine außerirdische Zivilisation aufspüren, die uns technisch überlegen ist. Falls aus unseren Erfahrungen auf der Erde Rückschlüsse gezogen werden dürfen, dann wäre Diamonds Überlegung sehr ernst zu nehmen: „Sollte es tatsächlich Funk-Zivilisationen in Hörweite der Erde geben, sollten wir um Himmels willen unsere Sender abschalten und versuchen, der Entdeckung zu entrinnen, oder uns droht der Untergang." (*Der dritte Schimpanse*, S. 276)

Vielleicht aber brauchen wir uns vor Außerirdischen überhaupt nicht zu fürchten; vielleicht besitzen sie keine Funkgeräte und sind überhaupt nicht sonderlich intelligent; vielleicht schwimmen sie nur in irgendwelchen Tümpeln umher oder kriechen behäbig auf felsigem Boden herum, bloß glücklich über die Nahrung, die ihnen ihre karge Umwelt beschert. Möglicherweise haben sich ihre einst blühenden Zivilisationen längst selbst zerstört. Wir wissen es nicht. Hier auf der Erde treten mit *Homo sapiens* jedenfalls immere ernstere Probleme auf.

Nachwort: Offene Fragen der Evolutionsbiologie

Wie in dieser Darstellung deutlich wurde, sind derzeit keineswegs alle Probleme der Evolution befriedigend gelöst. Die Evolutionsbiologie kann natürlich nicht als eine „abgeschlossene Disziplin“ behandelt werden. Eine abgeschlossene Wissenschaft, in der nichts mehr zu tun bleibt, gibt es ohnehin nicht. An der Tatsache der Evolution ist zwar längst nicht mehr zu rütteln, und auch die mit vielen Emotionen behaftete Frage nach der Abstammung des Menschen ist grundsätzlich geklärt: Der heutige Mensch, *Homo sapiens sapiens*, ist – wie gesagt – ein Resultat der Evolution durch natürliche Auslese so wie alle anderen rezenten Arten auch. Das bedeutet aber nicht, daß sich Evolutionsbiologen und Anthropologen jetzt zur Ruhe setzen können.

Noch sind die engeren Beziehungen zwischen den verschiedenen fossilen Arten der Hominiden im Detail zu klären; es ist auch damit zu rechnen, daß weitere Funde prähistorischer Hominiden das derzeitige Bild der Evolution des Menschen in Details verändern werden. Eine Kontroverse, die in jüngster Zeit Aufmerksamkeit erregt hat, geht von der Frage aus, ob der heutige Mensch von Afrika aus die Erde besiedelte. Befürworter der „*Out-of-Africa*-Hypothese“ bejahen diese Frage. Vertreter der „Multiregionalen Hypothese“ hingegen nehmen an, daß sich regionale Populationen von *Homo erectus* (der auch außerhalb Afrikas, in Asien und Europa, beheimatet war) unabhängig voneinander zu *Homo sapiens* entwickelt (und teilweise sogar miteinander vermischt) haben. Ein spannendes Problem.

Probleme zu lösen gibt es aber auch in vielen anderen Bereichen der Evolution. Wie groß die noch offenen Probleme sind oder welches Gewicht jedem einzelnen von ihnen zukommt, läßt sich kaum allgemein und verbindlich sagen. So gut wie jeder Autor, der über Evolution schreibt, hat seine eigene Auffassung darüber, ob bestimmte Fragen bereits befriedigend beantwortet sind oder nicht und welche der noch ungelösten Probleme besondere Aufmerksamkeit verdienen. Ein Evolutionsbiologe, der in erster Linie an der Klärung genetischer und molekularbiologischer Grundlagen des evolutiven Artenwandels interessiert ist, muß nicht unbedingt an der *Artenvielfalt* interessiert sein. Andererseits ist die Frage, warum denn eigentlich so viele Arten in der Evolution entstanden sind, eine der faszinierendsten Fragen der Naturwissenschaften überhaupt. Die Frage ist bis heute nicht befriedigend beantwortet. Wir wissen über die Mechanismen der Artbildung zwar gut Bescheid, dennoch ist es oft verblüffend, wie – manchmal sogar in relativ kurzen Zeiträumen – eine geradezu ungeheure Artenvielfalt innerhalb vieler Pflanzen- und Tiergruppen entsteht. Seit der Entschlüsselung der molekularen Mechanismen der Vererbung vor rund 50 Jahren (S. 83) haben viele, wenn nicht die meisten Biologen ihr Hauptinteresse den biochemischen beziehungsweise molekularen Bausteinen und Mechanismen des Lebens gewidmet. Dabei ist das Phänomen der Artenvielfalt beinahe vollständig aus dem Blickfeld geraten. Erst in jüngster Zeit wird diesem Phänomen wieder etwas mehr Aufmerksamkeit geschenkt. Der Anlaß dafür ist eigentlich sehr betrüblich. Erst in den letzten zwei bis drei Jahrzehnten wurde das volle Ausmaß der Zerstörung von Arten unter dem Einfluß des Menschen bemerkt. Man kam dabei zur Einsicht, daß die Zahl der noch unentdeckten Arten wesentlich größer ist, als die längste Zeit angenommen worden war, um vieles größer als die Zahl der bereits bekannten und beschriebenen Spezies. Dafür sprechen verschiedene stichprobenartige Untersuchungen insbesondere in den tropischen Wäldern, den artenreichsten Lebensräumen auf der Erde. Die Frage der Artenvielfalt insgesamt ist nicht nur theoretischer Natur, mit der sich einige Spezialisten beschäftigen; auch keine Randfrage, die nur Schmetterlings- und Käfersammler bewegt. Der bedeutende Insektenforscher und Evolutionsbiologe Edward O. Wilson hat eindrucksvoll dargelegt, welche Relevanz die Vielfalt des Lebens auf der Erde nicht zuletzt für uns Menschen hat und in welcher Weise wir mit der zunehmenden Zerstörung der Lebensräume anderer Arten unsere eigene Existenz als Spezies bedrohen. Hierzu bleibt noch viel Aufklärungsarbeit zu leisten, wobei die „praktische" Bedeutung evolutionsbiologischer Überlegungen deutlich werden sollte.

Ein weiterer Bereich, in dem wir noch auf viele offene Fragen stoßen, ist die Rekonstruktion stammesgeschichtlicher beziehungsweise verwandtschaftlicher Beziehungen zwischen den einzelnen Organismengruppen. Wie gesagt wurde, sind die stammesgeschichtlichen Zusammenhänge zwischen verschiedenen Stämmen noch unklar (S. 89). Vor allem die Verzweigungspunkte, also die „Orte", an denen ein Stamm oder sonst eine größere Organismengruppe aus einer anderen hervorgegangen ist, sind in vielen Fällen noch unbekannt. Die Anfänge vieler „Stammesreihen" verlieren sich im dunkeln. Sicher darf man dabei in vielen Fällen noch auf Fossilfunde hoffen, die zur Aufhellung beitragen können. Insbesondere die stammesgeschichtliche Rekonstruktion der Wirbeltiere, die sich schon bisher stark auf Fossilien stützen konnte, wird wahrscheinlich auch in Zukunft von Fossilfunden profitieren. Bedeutend schwieriger ist die Situation im Falle der vielen Organismengruppen, die aufgrund der Beschaffenheit ihrer Mitglieder (Weichteile, schwer oder überhaupt nicht fossilisierbare Strukturen) aus der Vergangenheit nur sehr spärlich überliefert sind. Hier allerdings werden sich in Zukunft (wie schon in neuerer Zeit) wahrscheinlich vergleichende molekularbiologische Untersuchungen bewähren, die viel über die Verwandtschaft einzelner Arten und Organismengruppen aussagen können.

Schließlich ist noch ein weiteres grundlegendes Problem der Evolutionsbiologie anzusprechen. Wir wissen heute, daß – im Gegensatz zu Lamarcks Annahme – individuell erworbene Eigenschaften nicht unmittelbar auf die Nachkommen vererbt werden. Vielmehr ist seit langem bekannt, daß Änderungen nur über den Weg „genetischer Anleitungen" manifest werden können. Wie aber, das ist die entscheidende Frage, kommt Information ins genetische System einer Art? Wenn neue Umweltbedingungen eine Anpassung, die Änderung eines Organs oder der Ernährungsweise, einer Art erfordern, dann müssen diese Erfordernisse dem genetischen System sozusagen bekannt werden. Wie das geschieht, bereitet manchen Evolutionsbiologen noch einiges Kopfzerbrechen.

Alle diese Fragen und Probleme – und es ließen sich weitere anführen – ändern, das sei noch einmal ausdrücklich betont, nichts an der Tatsache der Evolution selbst. Sie zeigen aber, daß sich die Disziplin der Evolutionsbiologie „im Fluß befindet", daß auch in Zukunft noch viel Arbeit zu leisten sein wird: Denkarbeit (theoretische Überlegungen) und empirische Arbeit (genetische Untersuchungen an lebenden Organismen, Ausgraben und Bestimmen von Fossilien etc.). An dieser Arbeit werden sich, wie schon bisher, Vertreter aller biologischen Disziplinen einschließlich von Randgebieten wie der Biochemie und anderer Fächer zu beteiligen haben. Die Evolutionsbiologie ist ein typisches Beispiel für interdisziplinäre Forschung und für Methodenpluralismus. Analysen von Gensequenzen rezenter Organismen sind dabei ebenso gefragt wie der (morphologische) Vergleich von Organen; das Studium des Verhaltens der Lebewesen ist genauso wichtig wie die „Jagd" nach Fossilien; die geographische Verbreitung der Lebewesen einst und heute ist ebenso interessant wie die Untersuchung der embryonalen Entwicklung einzelner Organismen. Die Evolution ist für die Wissenschaft ein großes Puzzlespiel. Wo immer zwei oder gar mehrere zusammenpassende Steine gefunden werden, ist das ein bedeutender Erfolg. Je besser wir dieses Spiel und seine Regeln verstehen, um so besser begreifen wir die Existenzbedingungen, die Vergangenheit, die Gegenwart und die mögliche Zukunft unserer eigenen Spezies.

Weiterführende Literatur

Einführungen, Lehrbücher, allgemeine Darstellungen

Ayala, F. J., Valentine, J. W. (1979): Evolving. The Theory and Process of Organic Evolution. Benjamin/Cummings, Menlo Park.

Erben, H. K. (1988): Die Entwicklung der Lebewesen. Spielregeln der Evolution. (3. Aufl.) Piper, München–Zürich.

Futuyma, D. J. (1990): Evolutionsbiologie. Birkhäuser, Basel–Boston–Berlin.

Maynard Smith, J. (1975): The Theory of Evolution. Penguin Books, Harmondsworth.

Mayr, E. (1979): Evolution und die Vielfalt des Lebens. Springer, Berlin–Heidelberg–New York.

Offenberger, M. (1999): Von Nautilus und Sapiens. Einführung in die Evolutionstheorie. Deutscher Taschenbuch Verlag, München.

Osche, G. (1972): Evolution. Grundlagen – Erkenntnisse – Entwicklungen der Abstammungslehre. (7. Aufl.) Herder, Freiburg–Basel–Wien.

Ridley, M. (1990): Evolution. Probleme – Themen – Fragen. Birkhäuser, Basel–Boston–Berlin.

Storch, V., Welsch, U. (1989): Evolution. Tatsachen und Probleme der Abstammungslehre. (6. Aufl.) Deutscher Taschenbuch Verlag, München.

Wuketits, F. M. (1989): Grundriß der Evolutionstheorie. (2. Aufl.) Wissenschaftliche Buchgesellschaft, Darmstadt.

Sammelwerke mit Übersichtsbeiträgen zu einzelnen Themen

Fasterding, M., Hrsg. (1999): Auf den Spuren der Evolution. Vom Urknall zum Menschen. Edition Archaea, Gelsenkirchen.

Siewing, R., Hrsg. (1987): Evolution. Bedingungen – Resultate – Konsequenzen. (3. Aufl.) Fischer, Stuttgart–New York.

Symposium Übersee-Museum Bremen 1995 (1997): Bausteine der Evolution. Edition Archaea, Gelsenkirchen.

Wieser, W., Hrsg. (1994): Die Evolution der Evolutionstheorie. Von Darwin zur DNA. Spektrum Akademischer Verlag, Heidelberg–Berlin–Oxford.

Geschichte des Evolutionsdenkens und moderne Kontroversen

Desmond, A. J., Moore, J. (1984): Darwin. Rowohlt, Reinbek.

Mayr, E. (1984): Die Entwicklung der biologischen Gedankenwelt. Vielfalt, Evolution und Vererbung. Springer, Berlin–Heidelberg–New York.

Mayr, E. (1994): … und Darwin hat doch recht. Charles Darwin, seine Lehre und die moderne Evolutionstheorie. Piper, München–Zürich.

Ruse, M. (1982): Darwinism Defended. A Guide to the Evolution Controversies. Addison Wesley, Reading (Mass.).

Wuketits, F. M. (1987): Charles Darwin. Der stille Revolutionär. Piper, München–Zürich.

Wuketits, F. M. (1988): Evolutionstheorien. Historische Voraussetzungen, Positionen, Kritik. Wissenschaftliche Buchgesellschaft, Darmstadt.

Wuketits, F. M. (1993): Moderne Evolutionstheorien – ein Überblick. In: Sitte, P. (Hrsg): Horizonte der Biologie. VCH Verlagsgesellschaft, Weinheim–New York–Basel–Cambridge (S. 133–138).

Young, D. (1994): Die Entdeckung der Evolution. Birkhäuser, Basel–Boston–Berlin.

Zusammenfassende Darstellungen einiger spezieller Themenbereiche

Eigen, M. (1987): Stufen zum Leben. Die frühe Evolution im Visier der Molekularbiologie. Piper, München–Zürich.

Engeln, H. (1995): Der lange Weg zum Menschen. *GEO*, Nr. 1 (Januar), S. 12–36.

Gould, S. J. (1989): Punctuated Equilibrium in Fact and Theory. *Journal of Social and Biological Structures* 12, S. 117–136.

Kenrick, P., Crane, P. R. (1997): The Origin and Early Evolution of Plants on Land. *Nature* 389, S. 33–39.

Meissner, R. (1999): Geschichte der Erde. Von den Anfängen des Planeten bis zur Entstehung des Lebens. C. H. Beck, München.

Schrenk, F. (1998): Die Frühzeit des Menschen. Der Weg zum Homo sapiens. (2. Aufl.) C. H. Beck, München.

Simpson, G. G. (1984): Fossilien. Mosaiksteine zur Geschichte des Lebens. Spektrum Akademischer Verlag, Heidelberg.

Stanley, S. M. (1988): Krisen der Evolution. Artensterben in der Erdgeschichte. Spektrum Akademischer Verlag, Heidelberg.

Streit, B., Hrsg. (1990): Evolutionsprozesse im Tierreich. Birkhäuser, Basel–Boston–Berlin.

Thenius, E. (1979): Die Evolution der Säugetiere. Eine Übersicht über Ergebnisse und Probleme. Fischer, Stuttgart.

Wuketits, F. M. (1992): Evolution durch Zufall? Zufall und Plan, Freiheit und Gesetz in der Evolution des Lebenden. *Universitas* 47, S. 1153–1163.

Zwölfer, H., Völkl, W. (1993): Artenvielfalt und Evolution. *Bologie in unserer Zeit* 23, S. 308–315.

Einige Sachbücher zur Vertiefung wichtiger Aspekte und Konsequenzen des Evolutionsdenkens

Dawkins, R. (1987): Der blinde Uhrmacher. Ein neues Plädoyer für den Darwinismus. Kindler, München.

Dawkins, R. (1998): Und es entsprang ein Fluß in Eden. Das Uhrwerk der Evolution. Goldmann, München.

Diamond, J. (1998): Der dritte Schimpanse. Evolution und Zukunft des Menschen. Fischer Taschenbuch Verlag, Frankfurt a. M.

Verbeek, B. (1998): Die Anthropologie der Umweltzerstörung. Die Evolution und der Schatten der Zukunft. (3. Aufl.) Wissenschaftliche Buchgesellschaft, Darmstadt.

Wilson, E. O. (1996): Der Wert der Vielfalt. Die Bedrohung des Artenreichtums und das Überleben des Menschen. (2. Aufl.) Piper, München–Zürich.

Wuketits, F. M. (1998): Naturkatastrophe Mensch. Evolution ohne Fortschritt. (2. Aufl.) Patmos, Düsseldorf.

Wuketits, F. M. (1999): Die Selbstzerstörung der Natur. Evolution und die Abgründe des Lebens. Patmos, Düsseldorf.

Register

Naturwissenschaften bei C. H. Beck

Annette Broschinski
Dinosaurier
Riesenreptilien der Urzeit
1997. 128 Seiten mit 17 Abbildungen. Paperback
(C. H. Beck Wissen in der Beck'schen Reihe, Band 2080)

Holk Cruse/Jeffrey Dean/Helge Ritter
Die Entdeckung der Intelligenz
oder Können Ameisen denken?
Intelligenz bei Tieren und Maschinen
1998. 278 Seiten mit 71 Abbildungen. Gebunden

Richard Fortey
Leben. Eine Biographie
Die ersten vier Milliarden Jahre
Aus dem Englischen von Friedrich Griese
und Susanne Kuhlmann-Krieg
1999. 443 Seiten mit 28 Abbildungen. Gebunden

Peter Sitte (Hrsg.)
Jahrhundertwissenschaft Biologie
Die großen Themen
1999. 453 Seiten mit 58 Abbildungen, davon 31 in Farbe,
und 11 Tabellen. Gebunden

Lee Smolin
Warum gibt es die Welt?
Die Evolution des Kosmos
Aus dem Englischen von Thomas Filk
1999. 428 Seiten mit 4 Abbildungen. Gebunden

Verlag C. H. Beck München

C.H.BECK WISSEN

in der Beck'schen Reihe

Zuletzt erschienen:

2021: Faroqhi, **Geschichte des Osmanischen Reiches**
2046: Schön, **Bakterien**
2055: Gelfert, **Shakespeare**
2073: Clauss, **Das alte Israel**
2074: Funke, **Athen in klassischer Zeit**
2085: Lilie, **Byzanz**
2101: Demandt, **Die Kelten**
2104: Herrmann, **Antimaterie**
2105: Malitz, **Nero**
2106: Kloft, **Mysterienkulte der Antike**
2107: Wiesehöfer, **Das frühe Persien**
2108: Graf, **Der Protestantismus**
2109: Bobzin, **Der Koran**
2110: Meissner, **Geschichte der Erde**
2111: Bernecker, **Spanische Geschichte**
2112: Pfahl-Traughber, **Rechtsextremismus in der Bundesrepublik**
2113: Stehr/Storch, **Klima, Wetter, Mensch**
2114: Wahrburg/Assmann, **Cholesterin**
2116: Vorländer, **Die Verfassung**
2117: Mertens, **Traum und Traumdeutung**
2118: Reinhardt, **Geschichte Italiens**
2119: Wirsching, **Psychotherapie**
2120: Becher, **Karl der Große**
2121: Linke, **Das Gehirn**
2122: Walther/Walther, **Was ist Licht?**
2123: Ring/Zumbusch, **Neurodermitis**
2124: Hartmann, **Geschichte Frankreichs**
2125: Augustin/Schöpf, **Psoriasis**
2126: Schmidt-Glintzer, **Das neue China**
2128: Röhrich, **Die politischen Systeme der Welt**
2129: Schimmel, **Sufismus**
2130: Schorn-Schütte, **Karl V.**
2131: Hammel-Kiesow, **Die Hanse**
2132: Manthe, **Geschichte des römischen Rechts**
2133: Reinalter, **Die Freimaurer**
2134: Ueding, **Moderne Rhetorik**
2135: Krauss, **Die Engel**
2136: Wolters, **Die Römer in Germanien**
2137: Sautter, **Geschichte Kanadas**
2138: Wuketits, **Evolution**
2139: Tölle, **Depressionen**
2140: Jäger, **Allergien**
2141: Leppin, **Die Kirchenväter und ihre Zeit**
2142: Roloff, **Jesus**
2143: Steinbach, **Geschichte der Türkei**
2144: Bobzin, **Mohammed**
2145: Halm, **Der Islam**
2147: Remschmidt, **Autismus**
2148: Matz, **Die 1000 wichtigsten Daten der Weltgeschichte**
2202: Schmidt, **Brahms Symphonien**
2205: Scholz, **Bachs Passionen**
2206: Revers, **Mahlers Lieder**